认知商

如何认清现实与错觉？

[美] 布莱恩·博克瑟·瓦赫尔 著
（Brian Boxer Wachler）
杜飞 曹迪 译

中信出版集团 · 北京

图书在版编目（CIP）数据

认知商：如何认清现实与错觉？/（美）布莱恩·博克瑟·瓦赫尔著；杜飞，曹迪译 . -- 北京：中信出版社，2018.10

书名原文：Perceptual Intelligence：The Brain's Secret to Seeing Past Illusion, Misperception, and Self Deception

ISBN 978-7-5086-9133-6

I. ①认… II. ①布… ②杜… ③曹… III. ①认知功能－能及读物 IV. ① B842.1-49

中国版本图书馆 CIP 数据核字（2018）第 140624 号

认知商——如何认清现实与错觉？

著　　者：[美] 布莱恩·博克瑟·瓦赫尔
译　　者：杜　飞　曹　迪
出版发行：中信出版集团股份有限公司
（北京市朝阳区惠新东街甲 4 号富盛大厦 2 座　邮编　100029）
承 印 者：北京鹏润伟业印刷有限公司

开　　本：880mm×1230mm　1/32　　印　　张：10.5　　字　　数：228 千字
版　　次：2018 年 10 月第 1 版　　印　　次：2018 年 10 月第 1 次印刷
京权图字：01–2018–5961　　广告经营许可证：京朝工商广字第 8087 号
书　　号：ISBN 978–7–5086–9133–6
定　　价：58.00 元

这本书以其卓越的见解和透彻的分析，帮助你更好地认识自己，确定你的看法是准确无误还是会让你误入歧途。在当今这个混乱无序的世界中，《认知商》的出版恰逢其时。

——菲尔·麦格劳博士，

电视节目《相约菲尔医生》（*Dr. Phil*）主持人，

畅销书《生命密码》（*Life Code*）作者

《认知商》好评如潮

无论你对自然科学、心理学、社会学、体育运动、宗教信仰、创新艺术或男女性爱等哪个方面的问题感兴趣，这本书都以其卓越的见解和透彻的分析，帮助你更好地认识自己，确定你的看法是准确无误还是会让你误入歧途。在当今这个混乱无序的世界中，《认知商》的出版恰逢其时。在技术层面，我们息息相关，却往往因为视角和观点不同而彼此分离，这正是关联的真正意义所在。事实上，认知反映了我们的信仰、经历、背景和 DNA。那么，我们如何确定哪些认知是真实的，哪些认知是被我们观察世界的透镜扭曲了的呢？《认知商》破解了这个难题，全书内容字字珠玑，耐人寻味。祝贺布莱恩博士能为对这些话题感兴趣的人，把这些重要事情解释得明白、透彻。

—— 菲尔·麦格劳博士（Phil McGraw）

电视节目《相约菲尔医生》主持人，畅销书《生命密码》（*Life Code*）作者

《认知商》使你重新审视看待世界和做出决定的方式。通过动人而又幽默的场景，布莱恩博士揭示了认知商的基本原理，激起了心怀好奇的读者的共鸣。我认为，对认知商的新认识能帮助我在工作、家庭和财务等许多方面更好地做决定。

—— 沙龙·泽齐马（Sharon Zezima）

美国运动相机制造商 GoPro 公司法务总监

生活为之一新！布莱恩博士不仅通过“视力矫正眼镜”让你能够更清楚、更确定地观察世界，而且教会你如何创造你自己的“眼镜”。真希望几十年前我就读过这本书。

——莉尔·朗兹（Leil Lowndes）

畅销书《遇谁都能聊得开》（*How to Talk to Anyone*）作者

认知无处不在。《认知商》指出，针对不同事物，人们对现实的感知会发生变化。当我成为变性人之后，我有着和做运动员时同样的使命感。我知道，通过分享我的心路历程，能让人们更加了解变性兄弟姐妹面临的困境，帮助那些对变性人群体知之甚少的人们认识到我们是谁、我们面临的挑战，并提醒他们我们具有相同的人性。敢于讲出真相，敞开心扉，这正是高认知商的有力佐证。

——凯特琳·詹纳（Caitlyn Jenner）

《我的人生秘密》（*The Secrets of My Life*）作者

我是认知商的忠实支持者。没有认知商，人们就不会获得成功。

——汤米·范姆（Tommy Pham）

美国职业棒球大联盟球员，圣路易斯红雀队球员

这本书告诉我们，在竞赛中我们越是了解我们的大脑和思维，我们表现得就越好。它能帮助运动员和非运动员在运动和生活中取得更好成绩。

——帕姆·施莱弗（Pam Shriver）

网球双打冠军，娱乐与体育节目电视网（ESPN）评论员

对那些对产品或服务有更多要求的商业领袖或营销人员来说，这是一本必读书。

——苏珊娜·萨尔茨曼·辛尼斯特罗（Suzanne Saltzman Ginestro）

金宝汤公司（Campbell Soup Company）下属公司 Campbell Fresh 首席营销官

我认为，“社会影响力的动力”和“互惠绑架认知商”这两章内容丰富，让人沉醉其中。

——罗伯特·西奥迪尼（Robert Cialdini）博士

畅销书《影响力》（*Influence*）作者

如果想更深入了解我们看待世界的方式和影响我们生活各方面的认知感受，来读这本书。它对认知商的价值和缺陷进行的独特、细致的研究非常有趣。我十分乐意向同事和病人推荐这本书。

——安德鲁·奥登（Andrew Ordon）

医学博士，美国整形外科医生，《医生》（*The Doctors*）节目联合主持人、《七天大变样》（*Better in 7*）作者

通过讨论如何集中精力和提高认知商，布莱恩博士对这个领域条分缕析，帮助大家了解如何达到这种状态——从而取得更好的成绩。

——埃琳娜·泰勒（Elana Taylor）

美国雪车队队员，冬奥会银牌和铜牌得主

一部杰作！令人难以置信的是，让人拍案叫绝的幽默贯穿全书，《认知商》是一部清晰明了、有理有据、非常实用的指南，它告诉我们提高生活质量所需的技能。

——莉莎·布雷肯里奇（Lisa Breckenridge）

洛杉矶哥伦比亚广播公司（CBS）2频道新闻播音员

布莱恩博士拓展了我们对人类认知的看法。他集外科医生的精准和天才作家的能力以及流畅文笔于一身，使我们思考知识性理解和体验性感受之间的差别，后者通常无法进行深奥的科学分析，但它正

是我们经验世界的组成部分。

—— 卡瓦 · 西迪克（Khawar Siddique）

医学博士，神经外科医生

非常精彩，见解中肯！有时，它让人感到不可思议——你上次犹豫不决是在什么时候？读下去！

——博泽 · 哈德利（Boze Hadleigh）

《名流恩怨！》（*Celebrity Feuds!*）作者

按照布莱恩博士所言，通过自我可视化想象做好比赛心理准备，能增强我们雪车队的身体运动能力，实现终极目标——无论是作为个体还是作为团队。在阅读《认知商》之前，我并没有想过将认知商运用于其他生活领域，但是现在我会这样做。

——柯特 · 托马斯克兹（Curt Tomasevicz）

美国雪车队队员，冬奥会金牌和铜牌得主

布莱恩博士的新书取得很多突破，任何人只要想成功就必须读一读这本书。如果你喜欢马尔科姆 · 格拉德威尔（Malcolm Gladwell）的作品或只是想提前看到未来，就像电影《黑客帝国》（*The Matrix*）那样，这是一本必买书。

——贾斯汀 · 豪博格（Justin Hochberg）

《利益》（*The Profit*）剧作者、《飞黄腾达》（*The Apprentice*）前制作人

接受各种想法、恐惧、自大和怀疑的本来面目，并仍能客观地看待和选择一种方法是成功的关键。《认知商》破解了这个过程。

——凯蒂·乌兰德（Katie Uhlaender）

钢架雪车世界杯（Skeleton World Cup）冠军、金牌得主

多年来，我读过很多文章资料，我很高兴，《认知商》几乎适合所有人阅读！这本书对体育、性爱、工作和日常生活等都有所探讨。这本书是集大成者，将带你进入更高阶段。

——布鲁斯·布朗（Bruce Brown）

威廉·莫里斯经纪公司（William Morris Agency）西海岸文学部（West Coast Literary Department）前主任

多亏了布莱恩博士，史蒂文·霍尔科姆（Steven Holcomb）留下的精神遗产得以稳固，我们团队非常感谢他的出色工作。

——史蒂夫·梅斯勒（Steve Mesler）

冬奥会金牌得主，美国雪车队队员

成功创建和经营多家科技公司以来，我身边总是人才济济，我却惊讶地发现，不同领导对相同的事情或事实有不同的认识。布莱恩博士的《认知商》完美地把这些碎片化知识整合到一起。我强烈推荐

我的首席执行官阅读此书。

——亚力克斯·卡泽拉尼（Alex Kazerani）

威瑞森数字媒体服务平台（Verizon Digital Media Services）主办人、前首席技术主管

非常愉快的阅读体验，提高了我们的常识和意识，布莱恩博士的书是一部力作。

——丹·鲁捷（Dan Routier）

空中客车公司（Airbus）卫星和轨道项目销售主管

所有军官都应读一读《认知商》，它和《孙子兵法》一样都是必读书。布莱恩博士提供了实现思维的强大潜能的路标。

——安迪·休伊特（Andy Hewitt）

美国海军陆战队陆军中校（退役）

这本书对个人和职业都大有裨益，它以生动有趣和简单直观的例子探讨影响我们认知的各种因素，并提供了提高自身认知商的实用工具。

——杰里米·瓦克斯曼（Jeremy Wacksman）

美国地产公司 Zillow 集团首席营销官

此书让人印象非常深刻。作为一部心理指导著作，这本书中讲述了

很多有用的技术和故事，它们说理清楚、生动有趣而又出人意料。布莱恩博士非常善于运用通俗易懂、受益匪浅的语言解释复杂的医学和科学原理，从而说明他的认知商理论。他是一位才华横溢的讲故事高手。

——托马斯·亨克尔·米勒（Thomas Heinkel Miller）

加州大学洛杉矶分校（UCLA）传播学系高级讲师

这本书写得非常精彩，它鼓励读者挑战人们看待世界的方式。布莱恩博士的这部著作是献给我的朋友和队友史蒂文·霍尔科姆的最佳礼物。

——史提夫·兰顿（Steve Langton）

美国雪车队队员，冬奥会铜牌获得者，世界冠军

谨以此书献给冬奥会雪车比赛破纪录者、金牌得主史蒂文·霍尔科姆（Steven Holcomb）。在本书写作过程中（2017 年），他意外地在睡眠中去世，年仅 30 岁。自从我帮他治疗圆锥角膜眼疾使其恢复视力的十多年来，史蒂文已成为我整个家庭的亲密朋友。他习惯性地在赛服里面穿一件“超人”T 恤，他是真正的美国超级英雄。他的去世是我的家庭和其他许多人的巨大损失。史蒂文所患的圆锥角膜病的成功治愈曾经鼓舞了数百万人，他的这一精神财富将继续激励后人。在 Giving Vision 这一非营利组织（www.GivingVision.org）的支持下，我承诺，保证将他在提高人们对圆锥角膜病无创治疗认识方面所遗留的精神财富在未来发扬光大。

真正的美国超级英雄史蒂文·霍尔科姆

同时，这本书献给我的母亲玛莎·“邦尼”·瓦彻勒（Marsha “Bonnie” Wachler，1941—2015）和我的父亲斯坦利·瓦彻勒（Stanley Wachler，此书写作时他 85 岁）。没有他们的爱，没有他们给我灌输“只要我有信心并为之努力，就无所不能”这样的信念，我不会取得今天的成就。还有，再次就我在 1993 年婚礼上忘记向您二位表达谢意（多么遗憾）而致歉，但还是谢谢你们这么多年来一直在给我理发！①

我深爱的父母

① 我父母经营一家发廊，直到现在我父亲还亲手给我理发。

目 录

美即是丑，丑即是美。

——《麦克白》，威廉·莎士比亚

推荐序

1980 年，我 22 岁，再过几个星期将从位于马里兰州安纳波利斯的美国海军学院毕业。终于成功在即。四年前，我和其他 1246 名高中毕业生一样，满怀憧憬地来到位于切萨皮克湾（Chesapeake Bay）和塞文河（Severn River）交汇处的这所名校，然后一路走到今天。不久后，我将成为一名美国海军军官。这所学院拒绝胆小懦弱者，身心健康是在这里生存和发展的最基本前提。不言而喻，所有学员都是佼佼者。

就在毕业之前，我开始出现一些病状。在接下来的 20 年里，情况时好时坏。后来，痛苦、虚弱、抽搐和视力问题交替发作，让我苦不堪言。从神经压迫到耳部感染，医生给我做出各类诊断。疾病没有阻止我做自己想要从事的工作，包括作为一名海军情报官服役 22 年。从海军退役后，我常常告诉十几岁的孩子，鼓励他们充分发挥自身潜力。我参加日间谈话节目，出演《执法悍将》（*Jag*）

和《天使有约》(*Touched by an Angel*)等电视剧，并担任多家公司的发言人。然而，我却无法摆脱身体健康问题。有时我的一只眼睛失明，几天后才能恢复视力。有时，又受到麻木或疼痛的折磨，但那时我想，如果体力消耗巨大，人们都会时有不适吧？

1999 年，情况变得更糟了。当时，我有 4 个孩子，还要照顾 3 位老人。我开始感到腿脚极度灼痛，情况最严重时，甚至一度无法走路。医生让我做核磁共振成像检查（MRI），最后确诊为多发性硬化症（MS）——这是一种损害髓鞘的慢性自身免疫性疾病，髓鞘是保护神经纤维的物质，这种病导致神经系统传导减慢或完全堵塞，功能下降甚至失去功能。

多发性硬化症是一种不可预测的疾病，其发病症状、严重程度和持续时间因人而异。大多数患者都有肌无力、肌肉控制障碍、疲劳、视力问题、记忆力减退和难以集中精力等感知与认知障碍。其他症状包括疼痛、震颤、眩晕、膀胱和肠道功能紊乱、抑郁和欣快症[①]等。我被诊断患有复发缓解型硬化症，这是此病最常见的形式，在这种情况下，缓解期过后病情会继续恶化。

确诊那天是我一生中最黑暗的一天。我怎么会得这种病？女性得这种病的概率是男性的两倍。我清楚地记得，医生认真地看着我，告诉我我的余生将会怎样度过。他说，我可能在三年之内不得不坐在轮椅上生活，我应该停止工作和锻炼，消除生活中的任何压力——所有一切压力。我不知道我的多发性硬化症是否与我的服役

① 欣快症（euphoria）：精神病学名词，往往表现为一种感情病态高涨的状态，心情愉悦，高兴异常，但对任何事情都漠不关心，满不在乎。往往与痴呆症同时出现。——译者注

经历有关，或在某种程度上与我多年前接种的一种疫苗有关，但无论病因是什么，这个消息让我伤心欲绝，几个月里心情极其灰暗。

当突如其来的重大病情打击逐渐减弱后，我开始分析自己面临的局面。我知道自己还有选择的余地：要么自怨自艾地度过余生，要么把我的病看作某种召唤。正是在这个时候，我下定决心，尽我所能去了解关于多发性硬化症的一切知识。我搜寻世界名医，也找到了一些医术高超的医生。但让我心生疑虑的是，有些医生在根本不了解我病情的情况下，就轻易认为能为我制订医疗方案。我意识到，只有我才能对自己的健康负责。现在，通过健康的饮食、运动和药物注射，我成功控制住了病情，而不是让多发性硬化症来主导我的生命。

对于多发性硬化症，我最担心的是丧失认知功能。患有此病的人群中大约有 34%~65% 都会遭受认知能力衰退。关于认知功能和多发性硬化症，我学到的宝贵知识之一就是自我认知。从自身经历和与心理治疗师以及数百名多发性硬化症患者的交流中，我发现，感知认知功能障碍与客观认知能力下降的关系微乎其微，甚至没有任何关系。事实上，感知认知缺陷，如记忆丧失或执行功能丧失，与包括抑郁在内的情绪困扰密切相关。我相信，一定程度的精神控制和情绪困扰缓解能帮助多发性硬化症患者更准确地评估其认知功能。对我来说，提高自我感知特别有助于减轻疲劳——几乎所有多发性硬化症患者都经常出现疲劳感。普通人都会时不时地感到疲倦，但如果你患有多发性硬化症，你几乎会一直深陷于认知疲劳和身体疲劳之中。

对多发性硬化症这类疾病报以积极乐观的心态是一个不断变

化的过程。每天，我都仔细地测量血压。我创立了一个庞大的社会支持网络，包括家人、朋友和帮我解决日常生活中由多发性硬化症带来的各种不便的其他人。

但我确信，我们对自身疾病的认知和最终的治疗效果几乎同等重要，也并不是只有我持有这种观点。研究表明，一个人对疾病的感知与几项重要的健康状况有直接的关系，包括病人的身体机能和能力水平、医疗保健使用、坚持治疗方案，甚至维持生命。此外有研究表明，我们对疾病的态度在决定身体状况时扮演更重要的角色，比疾病本身的严重程度所起的作用更大。

总的来说，我们的疾病认知来自我们对疾病的信念以及对疾病之于生命的意义的认识。虽然我仍然对多发性硬化症的病因有自己的看法，但仍有很多疑惑。我将终生与此病斗争吗？能不能治愈？我这个病对家人和朋友有什么影响？无论这些问题的答案是什么，我深知，对多发性硬化症的态度将决定最终结果。有出色的医生为我治疗，我很幸运能够负担得起最好的医疗服务，但如果治疗方法或治疗建议与我对疾病的看法不一致，那么我通常不会再坚持治疗。或许正如一位医生对我坦言的那样："不考虑病人想法的治疗方法可能于病无益。"

正是由于这些原因，我欣然为我的好友和医生布莱恩·鲍彻·瓦彻勒的这本精彩著作作序。布莱恩医生在探索基础性人类感知方面成绩斐然，并且指出了帮助我们理解动机和行为的方法。布莱恩博士是一位领军型眼科医生，每天都要为病人做恢复视力的手术，他教给我关于疾病感知的很多知识，以及为什么保持积极的态度是有效治疗和最终疗效的关键。从我个人经历来说，他愿意花数小时与病人在一起，询问大量问题以便更好地了解他们对自己疾病的想法。布莱恩博士知道，为了治疗，我在身体和心理方面都做了很大努力。他告诉我："你的认知商很高，蒙特尔，因为你想摆脱你的病情。积极主动的人会认为任何疾病，无论多么严重，都是能够控制的。"

这样的谈话使布莱恩医生得以确定哪些病人可能觉得对自己的病情无能为力，以便纠正他们任何不正确的想法。一旦病人能对自己的疾病有正确认识，布莱恩博士就将这些信念向有利于治疗或更好治疗效果的方向引导。

疾病认知是一个相对较新的领域。科学家们仍然无法知道我们的疾病认知源自何处。《认知商》这样的书可能会使事情变得更加复杂，可能会让你对自己也不确定，但这是一件好事。

从我自己的生活和布莱恩博士的重要著作中，我学到的重要一点就是，人们的思维并不按照我们所想的那样活动。我们中间有太多的人墨守成规，陷入无效的模式无法自拔。我们认为记忆是客观真实的，但其实并非如此。事实上，任何记忆都有可能是扭曲的，因为它在一定程度上是由我们的认知塑造的。我们分析因果关系时，要么将其视为有偶然因素起作用，要么认为两者有内在关联。我们以一种方式看待自己和世界，但在这个过程中，我们实际上错过了很多，其中最重要的是自我成长的机会。

我们一次次地认为，我们可以看到并理解这个世界的本来面目，但我们的认知是由经验和我们的内在动力决定的，因此会受到日常错觉和偏差的困扰。我们的认知用无数种方式欺骗我们，但这本书并不仅仅是人类弱点的记录。它还阐明了我们的认知来自哪里，如何发展，为什么我们经常受其影响以及我们应该如何提高认知商。正如布莱恩博士在这本书中明确指出的，尽管我们的认知会有瑕疵，但我们总会有自己的认知。人类永远不会对认知达到完全开悟，即使能够做到这一点，关于什么是“开明的认知”这个问题能达成共识吗？希望阅读此书后，我们能发现，如果对感知有更深刻的理解将改变我们对自己和对他人的看法。总而言之，《认知商》为我们提供了洞悉我们自己的意识的方法，使我们透过遮蔽心灵的知觉面纱，从不同的角度去看待世界。这岂不是开卷有益？

蒙特尔·威廉姆斯

2017 年于纽约

引言

现实只是一抹幻影，尽管它从不消散。

——阿尔伯特·爱因斯坦

2009 年，成千上万的游客涌向爱尔兰拉斯基尔（Rathkeale）圣玛丽大教堂（St. Mary’s Cathedral），他们相信，教堂外一截盘曲的树桩上呈现出了圣母玛利亚的剪影。

各种调查显示，全世界范围内近 10%~25% 的人声称他们有过灵魂出窍的经历。

美国国家 UFO 报告中心（National UFO Reporting Center）数据表明，全球每年有近 7000 例关于发现不明飞行物体的报告。

无论你是不是怀疑论者，看到以上数据，可能你都非常想知道这些现象是真实的还是仅仅是错觉。难道这么多人真的有这些难以置信的亲身经历，还是他们都在重温伍德斯托克（Woodstock）音乐节的经历？如果确有其事，这些亲历者对这些事件的理解是否准确？或者这只是人们漫无边际的幻觉，甚至他们有可能全都精神错乱了？

那些声称在树桩上看到圣母玛利亚的剪影，有过灵魂出窍体验或看到不明飞行物的人有一个共同之处：他们狂热地相信并坚定地认为他们所见的都是真实的。他们百分之百地肯定他们所见到的都是真正发生过的，哪怕是科学解释和逻辑推理也无法推翻他们的想法。

我写这本书的目的并不是揭穿甚至挑战宗教、灵性或新奇现象——这些对我来说是不可能完成的艰巨工作，我所关注的是爱因斯坦的那句名言。事实上，如果我们认为的真实事件只是一种错觉，为什么它会如此持久不散？为什么我们会理所当然地把错觉认定为事实？不仅如此，在错觉之外，是否存在确切的现实呢？

作为一名投身于视力矫正事业的外科医生和眼科医生，我一直对人类的五种感官——视觉、听觉、嗅觉、味觉和触觉——之间的关联以及大脑如何注意和解释这些关联，从而区别现实和错觉分外感兴趣。

我对这个问题的兴趣还要追溯到我在加利福尼亚大学洛杉矶分校（UCLA）第一学年选课的时候。那时，我刚被一个我喜欢的女生拒绝，回到宿舍，我思忖着有没有约女生的更好办法。从小时候起，我就对思维，特别是异性如何思考问题产生了极大兴趣。在小学图书馆里，我偷偷地阅读了《上帝，是我——玛格丽特》[①]（*Are You There God? It's Me, Margaret.*）。进入

① 《上帝，是我——玛格丽特》：美国儿童作家朱迪·布鲁姆于1970年发表的一部青少年小说。此书通过讲述一名叫玛格丽特·西蒙的六年级少女的成长经历，反映了家庭压力、父母与孩子的沟通障碍、宗教身份、性意识觉醒等问题。因其对性和宗教问题的直观反映，该书自20世纪80年代以来一直广受质疑。——译者注

大学后，我对大脑的信息接收和认知形成产生了极大兴趣，因此我决心学习心理学和生物学。后来，我获得了心理生物学学位。

时间很快进到 1999 年，那时我刚刚成为一名眼科医生。当时我有一位病人，他是一名救生员，打算做准分子激光手术（LASIK）。然而在给他做检查时，我发现他患有圆锥角膜病——这是一种引起视觉失真的角膜疾病，而且他一只眼睛的病情比另一只更严重。然而他却没有注意到两眼视觉的差异。为什么呢？因为他那只较好的眼睛几乎完全取代了坏眼，以致他几乎感觉不到另一只眼睛的模糊感。虽然他并没有意识到视力问题，但他的大脑已经适应了这个新情况，否则的话，他会有持续不适的感官负担。

如果说大脑能改变我们对自己视力的认知，它是否也能改变我们对其他事物的真实感觉来迎合我们的心理需求呢？比如说，如果你将要目睹无比痛苦、情感上难以接受的事件，你是否会在心理层面修正这件事以使其符合你的想法？我们的大脑每时每刻都在破解各种事实之间的细微差别，难道不是由大脑来认定什么是“真实”的，从而帮助我们生存和繁衍吗？

说得更直白些，我们能确定这世界上存在确切的真实吗？今天的沙发一年后仍然是沙发，虽然稍微破旧了些——尤其是如果家里有孩子和宠物，或者是你喜欢坐在沙发上吃比萨。不管如何，沙发永远不可能变成狗。

然而，对于特定数量的人来说，确实发生过视觉误认的情况。那些患有黄斑变性的人——这种疾病会导致患者丧失中心视野，最终可能使中心视力丧失——可能会体验到非精神幻觉，因为大脑的视觉皮层无法正确解码眼睛传送的信号，作为补偿，大脑就用自己形成的图像将其取代。大脑不仅能给我们看到的东西赋形，还可以用新图像代替现有图像。所有的查尔斯·邦纳综合征（Charles Bonnet Syndrome）患者——其特征是产生视觉幻觉，经常被误诊为精神疾病——都印证了一句箴言，即有些事情并非如我们所想。

（对此，我们将在第 7 章详细讨论）这种综合征患者可能会看到从抽象模型到鸟类、婴儿和白沙滩等任何事物。然而，那些亲历这些幻觉的人知道，这些都是错觉而不是精神妄想。

黄斑变性和查尔斯·邦纳综合征引出一个有趣的问题：我们的正常视力所见到的也是幻觉形象吗？如果有一百个人认为他们看到的是一只鸭子，只有一人认为他看到的是一只沙鼠，我们完全可以确定，这个人在胡言乱语（或者完全是个疯子）。但如果在面对一只鸭子的人群中，有一半的人都认为自己看到的是一只沙鼠，那该怎么办？难道都是幻象，还是有像精神分裂症这样的传染病导致了大规模的精神疾病？或者，如果换作那些在树桩上看到圣母玛利亚的游客，在有确凿证据（如照片）证明它就是一只鸭子的时候，是否有其他原因导致这么多人仍然认为他们看到的是一只沙鼠？

在这本书中，我们将探索大脑解读世界和理解世界的能力，为什么我们的感受和现实并不总是保持一致，以及我们如何通过外在和内在的认知来影响我们周围的世界。事实上，并不是所有事情都如表象所示，很多因素都在影响我们的认知。有一种叫作“联觉”的健康状态会使人甚至能“看到”音乐或“品尝”到声音。（联觉的第二种形式是将诸如字母和数字等物体与颜色或味道等感官知觉联系起来。）即使普通的感冒也会影响眼睛、耳朵、鼻子和喉咙——更不用说大脑会变得昏昏沉沉，扭曲我们对所见事物的感知。当因患流感而感觉不舒服时，我们对周围世界的认知可能会变得混混沌沌，对那些我们通常会感到乐观的事情，也可能会提不起精神来。

至于失眠，任何失眠症患者或新生儿父母都会告诉你，他们对事物的感知都有些离谱，而且在不眠之夜后对时间的记忆也变得扭曲和虚幻。我们无须翻看刑事案件调查、法医证据和“酒后眼里出西施”研究也会知道，酒精和毒品会损害我们的感觉，妨碍我们的判断。

围绕认知与现实展开的争论众所周知。我们通过自己的认知过滤器来感受现实。两个人听到相同的对话，对后来发生的事情却有迥然不同的理解，他们都确信只有自己才是正确的。来自立场不同的政党的人，观看同样一场电视政治辩论后，对结果有截然相反的看法。12 名陪审员花费几个星期时间参加刑事审判，面对相同的证据和证词，他们对被告是否有罪仍然存在分歧。

这些相互矛盾的现实为何能够同时存在，并被认为是“一个”现实？我们通过自己的滤网创造现实。换句话说，我们生存在自我认知的世界中。

游隼眼中的现实是德克萨斯蝾螈所无法企及的，星鼻鼹鼠永远无法想象红尾鹰的世界。人类对现实有独特的认识，这是由一些影响因素共同塑造的，比如成长过程、心理、生理、遗传、习惯和记忆等。教皇对来生的看法与伟大的理论物理学家劳伦斯·克劳斯（Lawrence Krauss）的观点截然不同，然而他们都对自己的信仰深信不疑。难道教皇的信仰是盲目的？抑或是克劳斯博士排斥所有缺乏严格证据的观点？我们都有自己的世界观，它们可以迥然相异。为什么会这样？是因为认知塑造了我们的世界观。一般来说，我们塑造自己的认知，就像我们根据编造的故事来捏塑“培乐多彩泥”一样。但有时候，表面上看起来一切正常的事情，其实认知正在潜意识里塑造我们的思想和行为，就好像我们在睡梦中驾驶车辆一样。

显然，我们通过感觉来和世界建立联系。但是，如果认知塑造了我们对现实的看法，那么我们认识的其实是一个被创造出来的世界。我们能明辨是非吗？

许多动物对世界的看法是我们无法想象的。人类每只眼睛里只有一个晶状体，但有些种类的昆虫的眼睛中的晶状体最多可达 2.5 万个。（设想一下，如果人类也有那么多晶状体会是什么情景？）2.5 万幅同步图像对苍蝇认知世界会产生什么影响？同样，人类的闪烁融合阈值——几乎完全稳定的间歇性光刺激频率——为每秒 50 张图像。慢频率图像单次成像，而较快频率图像就会变成连续动作。另一方面，只有速度达到每秒闪烁 100 次以上时，鸡才能看到连续动作，而苍蝇只能看到速度为每秒闪烁 300 次以上的动作。这个世界中我们习以为常的连续图像对于这些动物来说却视而不见。

人类是如何理解自己的经历呢？面对不同情况，除了单纯的应激反应，人类思维是如何运转的呢？我们永远无法像鲨鱼那样能探测到垂死的鱼发出的微弱、遥远的电脉冲，闻到四分之一英里①外汪洋大海中一滴鲜血的味道。但是我们有一个优势：我们具备推理能力，这是我们设置在错觉和现实之间的一道屏障。

什么是认知商?

关于认知商有各种定义，但我倾向于认为，认知商是指如何解读事物和偶尔利用我们的经验来区分幻想和现实。认识商非常依赖于感觉和本能，同时也经常受到情绪和记忆的影响和歪曲。和其他形式的智力一样，人们的认知商水平各不相同。但是，认知商是一种后天习得的技能。它起始于意识，需要勤加练习才能成为习惯。因此你会发现，起初你对某种情况或环境反应过激，一旦有了正确认识和采取不同角度，你就会扪心自问：我是否对该情况有正确的理解并做出了最佳选择?

在名著《大脑使用手册》(*The User's Manual for the Brain*) 中，L. 迈克尔·豪尔 (L. Michael Hall) 和鲍勃·G. 博登海默 (Bob G. Bodenhamer) 写道："不是人的问题，也不是经验和经历的问题，而完全是参照框架和心理想象 (mental movie) 问题，是在参照框架内运转的心理想象问题。"这

① 1 英里 ≈ 1.609 公里。——编者注

才是我们理解自身经历的方式。如果一只视力很好的鸟用我的脑袋练习啄食，我要么大发雷霆，要么说："这是喜事临门！"（这是我从出生于布鲁克林的父亲那里学到的。）

如果我们对令人痛苦的事情记忆模糊，这有什么作用呢？如果能够看到这件事情的积极一面，为什么还要让自己沉浸在负面情绪之中呢？这恰恰反映了认知商的精准能力。健全的认知商能识别并记录那些扰乱你思维的错误想法。认知商较高的人会意识到，大脑比你想象的更有可塑性，而且能在必要时调整和重启。和驾驶汽车、体育运动或学习使用一种工具等其他技能一样，认知商是可以提高的。

许多人都经历过创伤性事件并根据这些经历做出过重大决定。他们对这些事件的看法或积极或消极地塑造了他们的生活。决定结果的并不是事件本身，个人对事件的认知以及事后反应决定了他们今后的思维方式。我们在电视上看到或在书中读到的"英雄般的"幸存者，只不过是成功利用了认知商原则，而"沦为牺牲品的人"的认知商并没有被充分调动起来。

提升认知商

正如我前面所说，由于认知商是一种能够习得的技能，因此需要进行练习才能形成习惯。有些时候，你可能发现自己刚开始时对某个情况的反应并不积极。你不必立即形成负面观点，你可以问问自己：这是最好的做法吗？如果不是，你可以利用认知商改变你的想法以获得更有利的结果。

你是如何在心理上和行动上看待和对待这个世界的？本书的主要目的就是帮助你找到对这个问题的顿悟时刻。我真心希望，随我踏上这段旅程后，你能对人类认知之谜获得醍醐灌顶般的认识，并能根据你的感觉和直觉做出更好的决定。在接下来的章节中，你会学习到，对认知商的理解和重视如何成为潜藏在你的思想、行为和感觉背后的关键。你将会了解以下内容（排序不分先后）：

- 为什么一些人无法抗拒100美元一杯的“猫屎咖啡”的诱惑?
- 大脑如何帮助我们理解世事?
- 思维方式何时使我们保持精神健康，何时对我们弊大于利?
- 为什么人们总是对错觉执迷不悟?
- 为什么我们会觉得不得不“还人情”?
- 当我们在午夜看到“外星人”时，真相究竟是什么?
- 为什么低认知商能让我们更好地欣赏艺术?
- 为什么有些人会在玉米片中看到耶稣?
- 夸大其词的认知商如何影响大众的认知商?
- 为什么有些运动员和团队总是赢家，而另一些运动员和团队则不断失利?
- 互惠原则如何绑架我们的认知?
- 名人效应如何操纵我们的认知?
- 为什么说马克·吐温（Mark Twain）对手淫的看法展示了他的高认知商?
- 为什么金·卡戴珊·维斯特（Kim Kardashian West）会有如此巨大的社会影响力?
- 低认知商的人为什么更容易被邪教洗脑?
- 为什么我们会对时间形成歪曲的认知?
- 什么时候应该跟着感觉走?

本书中既有一些认知商极高者的例证和个案研究，又有一些可能让你大跌眼镜的例子。在本书第 16 章中，包含一项评估测试帮助你确定自己的认知商水平，此外还有一些提高认知商的简易可行的方法。

100 年之后，我们甚至可能会无法理解今天通用的科学。到那时，几乎可以确定的是，我们对大脑结构已有了详细了解，但我们仍然无法理解人们如何认知世界。无论是现在还是将来，我们仍将继续认知这个世界。不管怎样，我们每天都会尽力认识理解那些不可思议的东西，就像所有生物都以自己的方式感知世界一样。这一切都始于人类大脑，这正是下一章我们要探讨的问题。

系牢安全带，做好准备迎接头脑风暴吧！

第 1 章

认知的根基：

认知商的神经学基础

一个起风的夜晚，你在森林中踽踽而行。虽然你曾经在这片树林中屡次穿行并且熟识路线，却从未独行过，更从未在这里走过夜路。你来到一处空地，看到远处有个东西不同寻常。它挡住了你的路，你小心翼翼地继续往前走，同时在黑暗中斜眼思忖着那躲在暗处的到底是什么。突然，你浑身僵硬无法动弹，因为你觉得那东西是一只巨兽；它的皮肤在月光下幽幽发光。你能感觉到它那虎视眈眈的眼睛正上下打量着你，准备对你发起攻击。它那锋利的尖牙清晰可见。它慢慢接近你，你的心都要跳出来了，慌乱地思索着自己是要与其搏命还是选择逃跑。你正要落荒而逃，这个动物向你迎面扑来，你下意识地护住自己的脸乱踢打。你惊声尖叫，直到意识到那东西不过是飘荡在一阵风中装满树枝和树叶的一只塑料垃圾袋，你却吓了个半死。你一把扯走垃圾袋，想

> 想刚才把它当作凶猛怪兽的愚蠢念头，不禁暗自好笑。然后你继续前行。

在上面这个情景中，你是在什么时候认为这个不明物体是一只巨兽的？你是否因为是第一次在黑夜森林中独行，就觉得更容易发生危险？当你第一眼看到这个不明物体时，是否感到紧张和害怕？

在这种情况下，对袋子的误判其实是低认知商的体现。那个恐怖的东西原本只是一只装满树叶和树枝的塑料袋。它根本不会对你构成伤害，但在黑暗中你难以分辨它是什么，这时想象力开始发挥作用，填补缺失的细节。大量记忆也开始涌现，传递一些潜意识信息：也许你看过一部讲述某人在树林里被猛兽攻击的恐怖电影；也可能你听新闻报道过一只捕食性动物逃进那个密林；也许当你还是个孩子的时候，你母亲警告过你不要进入森林，因为她有一个亲戚就在森林里被野兽伤害过；或者更常见的情形是，森林总是让人想起《小红帽》这样的童话故事或《睡谷传奇》这样的文学经典中的凶险图像。

每个人的认知能力各不相同。由于认知商不同，在同样的情况下，人们对事物也会有完全不同的解读。如果另外一个人处于你当时那种情景，也许立即就能判断出那个看起来像动物的袋子根本不会伤人。然而，如果在那种情形下还有一个人在夜间独行，他可能会由于受到过度惊吓而一直不敢睁眼，直至陷入绝望。塑料垃圾袋裹挟着里面的东西会径直打在他那没有保护的脸上，划坏或擦伤他的脸部。这个被吓破胆的人会仓皇逃窜，然后在网上发布消息称自己遭到了超自然怪物的攻击。

在这一章，我们将会探索人类如何认知世界，探讨它的含义、起源以及大脑产生意义的活动过程。

我们都身陷“黑客帝国”？

1999 年，安迪 · 沃卓斯基和拉里 · 沃卓斯基[①]共同执导了科幻电影《黑客帝国》（*The Matrix*）并大获成功。在这部电影中，基努 · 里维斯饰演的尼奥发现，我们生活在虚拟世界之中。人类实际上是巨型计算机模拟系统的一部分，它利用人类能量来统治“现实世界”。在这个“黑客帝国”中，人类的所有经验都非常可信，他们能看到、感受到、触摸到、尝到和闻到一切。他们的记忆和情感都源自黑客帝国中发生的事情，多年来人们一直这样认知现实。直到尼奥不惧黑暗和危险奋起反抗，只为解放人类思维和身体，让人类回到真实世界。

该片监制安德鲁 · 梅森认为，这部电影的核心在于，“它只讲了一个问题，那就是我们现在正在经历的究竟是否真实”。当然，《黑客帝国》只是一部科幻小说。（我希望如此——否则我们怎么证明它不是科幻小说呢？）但是，我们或许无法控制我们的认知，或者我们并不是生活在“真实的现实”中，这种观点一直让人着迷。就像上文提到的那个装满树叶的垃圾袋一样，我们会如此轻易地被愚弄吗？

---

① 安迪 · 沃卓斯基和拉里 · 沃卓斯基，即沃卓斯基兄弟，两人合作完成多部电影作品，其中他们共同导演的《黑客帝国》三部曲是经典的科幻电影作品。拉里于 2006 年变性，改名为拉娜 · 沃卓斯基，沃卓斯基兄弟变为沃卓斯基姐弟。2016 年，安迪宣布变性并改名为莉莉 · 沃卓斯基，沃卓斯基姐弟变为沃卓斯基姐妹。——译者注

显然，大脑是我们主要的“黑客帝国”，对我们每时每刻认知周围世界至关重要。我们身体的其余部分往大脑传递信息——无论是痛苦还是快乐，或者是不同于这两者的感受——都依次得到解读和回应；大脑不仅告诉我们是否应该做出反应和如何做出反应，还储存了一些信息用于日后回忆和分析。

因为大脑“执行工作”并高高在上地控制头颅内所有其他肌肉而被称为肌肉组织，但大脑其实是一个器官。人们可以对大脑进行解剖、测量和研究。但也有一些我们称之为“思维”的东西，它能唤起我们的意识。但和大脑不同的是，思维是超验的、难以量化的。神经学家山姆·哈里斯（Sam Harris）把思维描述为“你之所以成为你自己的东西”。与肾脏、心脏或肺不同，你无法将意识从一个人移植到另一个人身上。

令人困惑的问题是：相对于大脑来说，思维在认知和认知商中起什么作用？思维是否就是大脑形成的认知？思维也许非常微小，甚至是看不见的，它位于肺叶或者内突触上，还是停留在别的什么地方？

如果我们把肢体加入这个关系式，问题就更加复杂了。有时，身体似乎只是大脑的私人司机。但是，神经科学最新研究毫无争议地表明，大脑和神经系统通过共同受体和联结体的复杂网络紧密相连，因此，像笛卡儿学派所认为的那种大脑和神经系统是独立个体的观点非常荒谬。因此，任何关于认知商的解释都基于神经生物学观点，即虽然思维和身体相互依存，但思维和大脑是两码事。通过证明这一论断的正确性，我们或许能确定认知商的来源，而不至于陷入像主导整个宇宙的黑客帝国那种无知妄想之中。

开启认知之门

在本书引言部分，我把“认知商”定义为如何解读事物和偶尔利用我们的经验来区分幻想和现实。但是，“认知”这个词在此处究竟是什么意思呢？

韦氏在线词典这样定义认知：“人们思考或理解某人或某事的方式……顺畅理解或注意到某事的能力……通过某种感官注意到或理解某事的方式。”这个定义给出了认知的基本含义，但并没有阐明当以感官之外的诸多因素——直觉（或本能）、个人经历、时机等——为基础理解事物时，认知所起到的作用。

因此，要诠释我们所经历的事情，需要比单纯的认知更重要的东西。当我们察觉到某些东西——比如睡谷森林中的可怕物体——这并不是说我们目光如炬。感知包括进入我们大脑直接的、原始的、未经过滤的数据，它们都还没有经过思维和行为对其进行处理。一旦我们认为某个物体有发亮的皮肤、闪亮的眼睛和锋利的尖牙，思维就会产生巨大飞跃；我们的认知就会把结论变成新的现实。在这种情形下，我们的认知商极低。

在《按常识原理探究人类心灵》（*An Inquiry into the Human Mind: On the Principles of Common Sense*）这本书中，18 世纪苏格兰哲学家托马斯·里德（Thomas Reid）研究了“直接性”这一概念。他认为，认知过程应包含关于认知对象的观点或理念，“因此，在实施我们称之为对外部事物认知的那种思维活动时，应从三个方面理解：首先，认知对象的概念或看法；其次，对其当前存在抱有坚定的、不可抗拒的信念和信心；第三，这种信念和信心是直接性的而不是通过推理得出的”。

即使当我们是婴儿时，也能感知和识别物体的直观形状，使我们获得直接性的、未经处理的体验。通过这种方式，我们相信感知到的物体是确实存在的这一现实。一旦这种认知与感觉联系起来——这是大脑的直接功能，感官体验就会与大脑思维模式建立联系。

试想一下嗅玫瑰花的香气。虽然香味只是一种感知，但当我们意识到玫瑰的气味使人愉悦时，它就会变成一种感觉——除非你恰巧对玫瑰过敏。嗅觉是我们感知快乐或烦恼的工具。感觉依赖于单纯的嗅觉行为，而认知则依赖于对芳香的解读。如果你认为自己会遇到一朵玫瑰，那么你已经在期盼那种令人愉悦的香味；如果你恰巧对玫瑰过敏，那么你会选择绕路而行以免因为过敏而去看医生。这两种截然不同的反应表明了认知商作用的基本原理。

一棵树倒下带来的哲学难题

这是一个延续了几个世纪的哲学和科学谜题。1710 年，爱尔兰哲学家乔治·贝克莱（George Berkeley）提出这样一个问题：一棵树倒下，如果周围没有人听到，那么它倒下时到底有没有发出声音呢？答案自然是肯定的。我很抱歉，因为我在这里设置了一个陷阱："没有人"暗指的是没有人类；动物当然也有听觉能力，因此，在听力范围之内，这些非人类生物当然能够感受到树倒下的声音。但是，只有被生物生理感知的声音，才是真实存在的声音吗？

哲学家对此仍然争论不已——尤其是那些坚持认为我们的感觉官能只存在于我们思维中的哲学家，而许多物理学家转而通过量子力学理论寻求答案。当一个声源使另一个声源（如空气或水）分子发生振动并产生分子波时，声音就产生了。所以，从科学角度来看，在技术层面上这个问题的答案是肯定的；不管我们（或附近的动物）是否在场亲耳听到，任何树倒下时都会产生分子波，从而发出声音。

让我们把这个科学观点向前进一步推进。我们都知道树倒下时的声音是"砰"的一声。如果树倒下时附近没有人听到"砰"的一声，我们仍然知道会有声音，因为我们仍然记得那个声音——当我们有了听觉意识并能感受到震动时，我们就认为这是客观事实。我们的思维会把分子波理解为"砰"的一声，因为通过各种渠道，如在森林里听到过这种声音或（在电影、电视或广播中）听过这种声音录音，我们都能认知到树木倒下砸中地面时发出的声音。我们从来没有想过会有这样的情形：树倒下却没有发出"砰"的声响。

感官超负荷

视觉、听觉、嗅觉、味觉和触觉：每一种感觉官能都很重要，在专门的感官器官（眼睛、耳朵、鼻子、嘴巴和皮肤）管理支配下起作用。整个世界充满了各种刺激源，感官主动或被动地对这些刺激做出反应。我们有可能会碰巧闻到路旁玫瑰花的芳香，也可能当我们发现花朵后会特意走上前，贴近细嗅，顿觉香味扑鼻，心旷神怡。

毫无疑问，你一定很想知道这个过程是如何运作的。要获得某些认知，就需要一个或多个感官同时或单独进行复杂的相互作用。感觉器官包含探测身体感觉的受体细胞。普通受体遍布全身；特殊受体包括鼻腔和口腔中的化学受体、眼睛中的光受体和耳朵里的机械受体。这些受体细胞捕捉各种刺激，并将其能量转化为电化学信号，这些信号把有关刺激的信息通过神经系统传到大脑。

在大脑这里，电化学信号被传导到附近的初级处理区，信息的最初特点根据原始刺激特征——即它的气味、味道、感觉等，得到详细分析。然后，经过修正的信息被传送到丘脑，它是位于大脑深处的结构组织，用于传送感觉和运动信号以及调节知觉和睡眠。

对于我们的感觉官能来说，丘脑扮演着首要守门员这个不可或缺的角色，它决定向大脑皮层传递什么样的信号。例如，为了能够看到东西，视网膜必须通过视神经把输入信息发送到丘脑；在这里，旧数据和新信息被整合形成新信息，然后被传送到大脑视觉皮层。

不容忽视的还有大脑新皮层，这是大脑皮层的一个重要组成部分，帮助控制诸如感觉知觉、运动指令、空间推理、有意识的思考和人类语言等机能。一些研究表明，大脑新皮层使我们对周围世界产生不同的认知。

这听起来很简单，对吗？但是大脑的运作过程并非我们所看到的那么简单。

大脑产生认知，还是认知塑造大脑？

有个值得思考的问题：我们感知到的几乎所有事物也许只不过是外部世界在我们内心的模拟，这有时候是由我们的感官采集抽样数据造成的。在对此蹙眉怀疑之前，你要知道，这并不是时下流行的新理论，而是一个已经被广泛接受的科学理念。

换句话说，我们恰好置身于黑客帝国之中（尽管没有机器系统向我们提供虚假的现实）。现实是真实的，但是我们看到的、听到的、感觉到的、触摸到的和闻到的都在我们头脑之中，这是由于大脑中具有“内置虚拟现实机器”，正如“大脑解读”网（BrainDecoder.com）总经理巴哈尔·格里布尔（Bahar Gholipour）所描述的那样。当然，有许多神经科学家可能对此观点持有异议。

无论哪种情况，人脑科学家似乎都认同这样的观点，即在我们理解世界的过程中，感觉信息和心智模式起着至关重要的作用。从生命之初，我们的大脑就积累经验，并构建图像来预测未来与环境之间的互动关系。

这是一种原始的生存游戏。我们的大脑根本无法精细处理数十亿的感官输入信息，所以我们利用过往经验填补空白，加速处理过程或受情绪影响直接跳转得出结论。当你从后视镜里看到红灯闪烁时，你会以为警车在后面跟着，因为你刚刚在停车标志处飞驰而过。你还会心跳加速，因为你两个月前收到一张罚款，保险费率要因此而上涨。这种情况下，所有这些输入感觉信息需要相当长时间才能消化掉，但这足以说明，你的思维会误导并降低你的认知商。其实，后视镜里闪烁的红灯来自一辆救护车，可见你的认知商并不是无懈可击。

由于我们会有意无意地对这么多数据做出判断——很多时候，我们的感觉并没有对此进行清醒的或全面的甄别，我们有理由相信，90% 的人认知都是一种心理建构（mental fabrication）。不过幸运的是，我们偶尔会碰巧得出准确的结论（或者几乎正确的结论）。我们只要认识到大脑怎样改变我们的认知，就可以利用认知商来控制我们对现实的感知。

大脑，大脑——何为大脑？

你可能认为人们对大脑已经非常了解。毕竟对于大脑的研究正在飞速发展。在过去两年间，美国和欧盟都进行了新的研究项目以更深入地认识大脑。记录大脑活动的技术正在以革命性的速度提高。科学家开始逐步掌握折磨大脑的极端复杂疾病以及如何治疗这些疾病。在俄亥俄州立大学，科学家利用皮肤细胞培育出一种“迷你大脑”，即类器官，它相当于人类胎儿大脑的基因组织，可以用来治疗癌症、自闭症、帕金森症、阿尔茨海默病[①]以及其他一些使人衰弱的神经系统疾病。这一成果是紧随着一项雄心勃勃的“通过推动创新型神经技术开展大脑研究”计划（Brain Research through Advancing Innovative Neurotechnologies，BRAIN）而进行的，这一缩写无疑是一个惊人的巧合——其目的是加快“我们对大脑神经回路的理解”和“形成对大脑的根本性认识”。

然而，正如《纽约时报》在 2014 年报道的那样，越来越多有关大脑的信息表明了一个进步悖论：所有这些伟大的进步反而凸显了我们实际上有多么无知。正如亚里士多德所言，“你知道的越多，就会发现你不知道的越多”。这种轻描淡写的说法间接地反映了大脑的复杂性。人类大脑平均有 900 亿个神经元，它们构成 100 万亿个连接或突触。如此复杂的构造蕴藏着太多未解之谜。

在本章前半部分，我提出神经系统分解理论，从技术角度上把

---

① 阿尔茨海默病（Alzheimer disease，AD）：一种起病隐匿的进行性发展的神经系统退行性疾病。临床上以渐进性记忆障碍、失语、失用、失认、认知功能障碍以及人格和行为改变等全面性痴呆表现为特征，病因迄今未明。65 岁以前发病者称为早老性痴呆，65 岁以后发病者称为老年性痴呆。——译者注

大脑认知归结为从 A 到 B 再到 C 的过程，并从医学角度上有助于对其深入了解；医疗工作者每天都确认并治疗影响这些系统的疾病。然而，对于大脑感知的方式和原因以及 A、B、C 之间的中断，仍然有很多未知之处，大脑是神经学的“捉迷藏”游戏。

虽然我们的大脑不停地解读输入信息，但我们并不是计算机或机器人。事实上，我们并不十分确定大脑如何处理源源不断的信息；大脑所经历的电磁波并不是真实存在的波，而是图像和颜色。当看手机时，你不会有意识地去看屏幕上不同颜色的波长。（或者至少我希望你不会这么做——如果你这么做，我相信军方会拘禁你，并对你进行深入调查。）当听歌曲时，你不会因为这些声音悦耳的振幅和频率才发出会心的微笑。当你走进一家餐厅，闻到厨师正在准备的食材香味，你不会想：“哇！我闻到那些溶解在空气中的化学混合物真是好闻啊！”相反，你会期待着享用一顿美味大餐。我们的认知惯于走捷径，因为这样效率更高。颜色、声音、气味和味道是我们感官体验的最终产物。

我们的大脑要完成一个看似不可能完成的任务：将外部刺激与自身产生的感觉结合起来。这似乎不是什么了不起的举动，但它有助于阐明我们是如何区分世界和我们自己的。大脑正是这样对来自外部世界的浩瀚数据进行甄别选择，并赋予其意义。

毕竟，这是大脑的部分工作——从刺激中构建世界图像，并将其与我们记忆中的、我们需要的和我们希望的联系起来。从进入大脑的感觉和大脑发起的行为的角度观察神经系统，似乎所有行为中都含有某种解决问题的智慧。但为什么这个看起来讲究逻辑的器官会经常在认知商上遇到这么多困难，并且很难区别真实和虚幻？

在下一章，我们将探索当专注于正确的认知和想法时，大脑能将我们治愈的神奇力量——我们还会讨论，当任由恐惧侵害我们的复杂身心平衡时，我们会变得既绝望而又神经质。

第 2 章

心胜于物和心役于物：

自我治愈和自我破坏

如果你和几百万人一样患有背部疼痛和类似的慢性疾病，你的很多朋友、家人和同事都会对此不以为然，告诉你说："这不过是你的想象罢了。"这很有帮助，不是吗？但背痛总是让你心神不宁、坐立难安，你不能运动，甚至无法睡觉。毫无疑问，你的身体出了毛病。

根据 2008 年的一项调查，在美国，每年花在非处方药和外科手术——包括频频去脊椎推拿师、整形外科医生、理疗医师、正骨治疗师、针灸师、瑜伽老师、气功大师、瑞典式女按摩师[①]以及许多其他专家那里治病——治疗慢性背部和颈部疼痛的费用大约为 860 亿美元。我知道，许多人经过这些治疗后有明显的暂时性好转，我不想砸保健医生的饭碗，但是，大多数颈部和背部疼痛患者的病情真的好转

① 瑞典式按摩：传统的欧洲按摩技术，利用精油按摩肌肉，增强体液循环，缓解肌肉紧张及疼痛，能促进体内新陈代谢。该按摩通常从脚心或手心开始，沿着血液流向心脏的方向推动，主要有抚推、轻扫、揉搓、拍捶几组动作，以中度压力按摩，最大特点是重视面部和眼部按摩。——译者注

了吗？只靠“不去想它们”，就能摆脱疼痛和痛苦吗？

蒙特尔的故事

在序言中，蒙特尔·威廉姆斯讲述了他多年来与多发性硬化症抗争的故事——这是一种特别难对付的疾病，在美国有40万多发性硬化症患者，全世界有250万患者。蒙特尔绝不是接受多发性硬化症治疗的唯一一位名人；已故喜剧演员理查德·普莱尔（Richard Pryor）、女演员特瑞·加尔（Teri Garr）、作家琼·狄迪恩（Joan Didion）、乡村歌手克雷·沃克（Clay Walker）、演员大卫·兰德［David Lande，20世纪70年代的电视剧迷们还记得他在《拉文与雪莉》（*Laverne & Shirley*）这部电视剧中扮演斯魁奇（Squiggy）这个角色］都曾遭受这种疾病的折磨。无论你是不是名人，这个病的症状是一样的，任你尝试各种治疗方法。

蒙特尔病情治愈的消息令人鼓舞，我为他感到高兴。当然，正如他所叙述的那样，他有一个养生计划，而且努力减轻压力（这对缓解多发性硬化症至关重要，更不用说在某种程度上缓解其他大多数疾病了）。幸运的是，他还有朋友和家人的支持。但是，正如我所看到的，他能战胜这种可怕疾病最重要的一点是他对该病的认知，这使他能够保持积极的心态并在健康管理中不断占据主动。在面对眼前疾病时，蒙特尔的认知商很高，知道轻重缓急，非常注重身体健康，处处留心，最重要的是不盲从虚假的现实——悲观、负面的想法和不必要的具有危险性的医疗手段。

保持警醒的认识能缓解大量医疗问题，这绝不是一句空话。无数研究表明，人类大脑能够创造惊人的奇迹，而世界上一些顶级医生除了传统医学和治疗手段外，还将正念哲学[①]融入行医实践中。但这种身心平衡是如何起作用的呢？应如何提高认知商来改善健康状况，摒弃对健康有害的各种错觉呢？

让我们疯狂而优雅！

你可能听说过克莉丝·卡尔（Kris Carr）的故事，她是一位女演员兼摄影师。2003 年情人节那天，她被查出肝脏发生比较严重的癌症病变。她被告知这是一种罕见的癌症（我把“上皮样血管内皮瘤”[②]这个过长的术语简写为“EHE”），无药能治，最好的治疗也仅能延缓而无法避免死亡的发生。虽然手术无法治愈她的疾病，但从查出患病的那一天一直到后来的十多年里，克莉丝一直快乐健康地生活着。她是怎么做到的？她的生活方式可谓疯狂而优雅。对此，她在几本书中有过详细描写，包括那本畅销的《去你的癌症》（*Crazy Sexy Cancer Tips*），并在自制的同名纪录片中重现了她的心路历程。

克莉丝是一位特殊正念支持者，她不许自己被癌症击垮而是将其

---

① 正念：来自于佛家文化，指在某一时刻感知属于自己的内在或外在的刺激，不加批判也不全盘接受，不去想过去或未来。内在的刺激包括当下的心情和思绪，外在的刺激指所处的环境。正念由三部分组成：注意力管理、身体意识、情绪管理。——译者注

② 上皮样血管内皮瘤：一种罕见的、低级别恶性血管源性肿瘤，多发于软组织以及肺、骨、脑和肠等脏器。原发于肝脏的上皮样血管内皮瘤较少，主要累及成年人，女性多见，儿童罕见。——译者注

作为改变自己的催化剂。“去你的”一词表达了一种充满力量，充分利用生命每一秒，拒绝让疾病左右生命的态度。她不仅重新激活了生命——从表演转向写作和演讲，宣扬健康生活方式的好处——而且还创立了“去你的癌症”亲友团（她称之为“团队”），并提出了自己的健康哲学，即西方医学与替代治疗相融合。正如《科学美国人》（*Scientific American*）所说：“随着医学进步和肿瘤学的发展，人们承认，过去那种过度治疗的做法是错误的，并开始把替代医学作为一种治疗选择。卡尔是与癌症做斗争并焕发生命活力的越来越多的人中的一员。”

约翰·霍普金斯大学医学院莉萨·R. 雅内克（Lisa R. Yanek）教授的最近一项研究显示，对于那些有心血管病家族病史的人来说，乐观向上的精神状态有助于降低心脏病发病概率。哈佛大学医学院研究发现，积极乐观的心态不仅能缓解压力和降低心脏病病发的风险，而且还有助于心脏手术后康复，降低血压，防止心脏病复发。大量证据表明，经常笑一笑或开怀大笑也能使人更健康，防止各类疾病发生。那些爱笑、爱大笑、懂得享受生活和对困难不屑一顾的人往往认知商较高，而通常他们自己并没有意识到。或许更确定的事实是，观心冥想对身心大有裨益，它能减轻很多病症，例如背痛、银屑病、失眠，甚至是精神疾病。“正念减压疗法”（MBSR）创始人乔·卡巴金（Jon Kabat-Zinn）的一项著名研究发现，银屑病患者在接受紫外线治疗如果静坐冥想，他们的治愈速度比那些仅靠紫外线治疗的患者要快4倍。可见精神状态对疾病治疗有很大影响。

我们在年幼时就对疾病有深刻的认识。如果我们眼睁睁地看着祖辈、父母、兄弟姐妹或其他亲友因为癌症或其他致命疾病，长期受病痛折磨而最终痛苦离世，这些记忆会萦绕在我们心头挥之不去。一旦发现自己也有类似疾病，我们会感到异常恐慌和压力巨大。强烈的情绪变化不一定会致病，但当我们身患疾病时，几乎可以肯定的是，巨大的情绪变化对身体非常有害。最坏的情形是，恐惧和压力带来的消极悲观情绪（低认知商），将加重和加速病情，降低免疫力，并导致很多并发症。

在其开创性著作《心灵之眼》（*Mindsight*）一书中，丹尼尔·西格尔（Daniel Siegel）博士这样描述负面情绪的危害："如果我们能意识到一些负面情绪，如恐慌、敌意、背叛或悲伤，这只是保持基本健康的能力，因为这些情绪——我称之为零散神经过程——就好比黑洞一样。它们引力很强，吞噬生命能量，损害人们的正常思维。它使人们难以灵活而顺畅地思考事情，失去很多欢乐，难以怀有感恩之心。它们影响人际关系，导致人们行为死板僵化或在交往中情绪喜怒无常。它们还损伤人体内部器官，如神经系统和免疫系统。"原谅过去遭受的伤害，是摆脱负面情绪和提高认知商的明智之举。

静心沉思和其他正念活动真能包治百病吗？不能，绝对不能。但正如奶奶经常念叨的鸡汤一样："它没什么害处。"精神放松和积极乐观有治疗功效，这其中暗含很多科学道理。至少，在患病时保持积极乐观能让人更乐意接近你，这样，在你有需要时，别人更愿意帮你。扩大社交（面对面的朋友而不是网络中的朋友）并配合治疗，能够使你更持久地保持积极乐观。

健康向上的心态还能起到主流药品所难以达到的疗效。在我本人的从医经历中，就曾亲眼看到积极乐观带来的理想疗效。在美国，数百万女性患有干眼症，这通常是一种慢性病。十多年前，我研制了一种特殊眼药膏，治疗干眼症有效率达95%，尤其对于重度患者更是效果显著。多年来，我为数以千计的眼科医生做过讲座，并在眼科杂志上撰文介绍我对干眼症的研究发现和治疗方法。由于合股制药公司都不生产这种药膏（需由复方医药公司生产），加之很多眼科医生不愿意从复方药店开药方治疗干眼症——很多女性患者长年甚至几十年深受此病折磨，一直未得到有效治疗。一些心态乐观的女性患者拒绝接受“干眼症徒刑”，选择自己掌握未来命运，寻求替代疗法并发现了我的治疗方法。

我有一位名叫维多利亚·普林西帕尔（Victoria Principal）的患者，她就是一个很好的例子，她是从演艺界成功转行商界的。她患干眼症多年，以前试过各种治疗方法，效果都十分有限。维多利亚认知商很高，她一直坚信，一定还有以前的眼科医生所不知道的有效疗法。正是这种积极乐观的想法使她自己坚持寻医问药，最终找到了我，在长年常规治疗不见效之后，终于彻底治愈了顽疾。保持这种良好的心态还能让你发现常规治疗之外的治疗方法。关于这一点，另一名高认知商病人就是明证。他叫贾马尔·克劳福德（Jamal Crawford），是一名NBA（美国男子职业篮球联赛）运动员，他患眼白棕色色素沉着或眼白“雀斑”多年。对此他很苦恼，因为他在照片和比赛录像中能看到这些色素沉着。对于这类病患者，医生一般会说："很抱歉，无药可治。你习惯就好了。"贾马尔自己通过研究发现了我对这种棕色"眼睛雀斑"的疗法，我帮助他将其成功根除。

保持积极乐观的态度反映了一个人的高认知商，并能在那些看似无力回天的情况下，引导你取得突破性医学治疗效果。

当涉及健康问题时，你的情绪能影响自己的认知商。积极态度孕育积极做法，就像蒙特尔·威廉姆斯和克莉丝·卡尔所做的那样。如果你仔细想想，对疼痛和痛苦采取消极态度和自怨自艾的行为可能会对你身后的人——配偶、孩子和孙辈——产生长期影响，给他们造成不必要的恐慌和痛苦。虽然只有通过医学专业人士检查才能确定病情是否严重，这非常重要，但总是对病情抱怨也于事无补。偶尔找个宽容大度的知己或医师倾诉发泄一下，诉说你患病的苦闷，把它从你的身体系统中释放出来，这是健康和有效的做法。但另一方面，如果总是向朋友、家人、同事喋喋不休地抱怨，那么别人会认为你是一个牢骚满腹的人。在你走向那漫长而曲折的人生终点时，问问自己：我希望以这种方式被别人记住吗？

身体与思维：严重错觉

究竟什么是错觉？错觉是对我们感知的失真，它以多种形式出现，但主要影响我们的感官。错觉通常表现为视觉感知。在好莱坞电影中，典型的错觉表现是，一位英雄在荒芜的沙漠中迷失方向，几乎就要渴死了，突然眼前出现幻景，我们称之为幻觉。

错觉随时可能发生，因为大脑会欺骗我们的感官，让我们相信那些不可能的事物都是真实的现实。很多截肢者个案研究表明，当他们的肢体被截掉之后，他们仍感到缺失的肢体隐隐作痛。一些科学家把这种幻痛归因于残存的受伤肢体末端的神经末梢；另一些人则认为，那是因为大脑中仍然留有肢体记忆。我持中间立场。我认为，是我们对肢体和疼痛感觉的先前感知记忆在起作用，使得这些感觉好像是真实的。当神经末梢传递痛感时，大脑并没有理解这种感觉的其他方式，因此它会仍然回到肢体健全时的那种熟悉记忆之中。

特别是疑病症患者，错觉严重扭曲和降低了他们的认知商。这并不是说他们对剧痛或疾病的感知是不真实的。否则，疑病症患病率为 5% 的这些患者就没有必要不辞辛苦地去就医，不必在候诊室浪费大量时间，也无须花费金钱或用保险金买药，更不会因为长期焦虑而劳神劳心。

根据《精神疾病诊断与统计手册》(*The Diagnostic and Statistical Manual of Mental Disorders*，简称 DSM)，虽然有其他病症医学证明，但要想正式确诊疑病症——亦称疾病焦虑障碍 (Illness Anxiety Disorder，简称 IAD)，这一疾病症状需要至少持续 6 个月。疑病症患者对自己的病情和真正遭受的痛苦深信不疑；他们中的许多人情绪低落。为什么他们会有如此严重错误的认知呢?

童话和虚假疾病

如果你知道还有一些杰出的创作人才和你同病相怜，比如田纳西·威廉姆斯（Tennessee Williams）、马塞尔·普鲁斯特（Marcel Proust）和安迪·沃霍尔（Andy Warhol），你或许会稍感宽慰。众所周知，19世纪丹麦儿童童话作家汉斯·克里斯蒂安·安徒生也是一名疑病症患者。他不仅确信眼睛上方一小块不痛不痒的胎记会蔓延到整个脸部，而且他一生都在担心别人会误以为他已死亡而将其活埋。他总是随身携带一张纸条，上面写着："其实我没有死。"安徒生身后留下了不朽的儿童文学遗产。在这些经典作品中，有一篇名为《皇帝的新衣》（"The Emperor's New Clothes"），这篇名作揭示了大众对个体认知商的影响力：国王相信他的隐形衣真的存在，所以他的臣民也都认为自己确实能看到它。（关于从众心理的更多论述，见第12章。）

疑病症患者经常会听到这种陈词滥调："这不过是你的凭空想象罢了。"其实他们饱受一个现实医学问题的困扰：焦虑障碍。其根源在于他们的低认知商，他们的思维陷入一种认识循环，总感觉自己身体出了严重问题（至少开始时，他们认知商并非如此低）。这种错觉非常令人信服，大脑将这些信号转化为感知到的痛苦，加上大家都这么说，就会感觉这是真实的。心理学家推测，疑病症可能是由许多潜在原因引起的，例如那些经常焦虑且对孩子溺爱到让人窒息的父母恰好也是疑病症患者（神经症和恐惧遗传），以及对家庭死亡或疾病的反应、过去的心理创伤、孩童时期身体或精神遭受的虐待等。

目前，一些专家提出了一个理论，像谷歌这样的搜索引擎查到的以及网络调查中普遍存在的病症和诊断可能会引发疑病症，这完全是由暗示的影响所致。非常讽刺的是，人们都注意到现代社会全天候地充斥着大量免费医疗信息，造成过多不必要的焦虑（这是真实的医疗状况），如果互联网没有出现，就根本不会存在这个问题。可见，科学技术是一把双刃剑。

每天，医疗网站、新闻网站以及博客上都发布大量的健康恐慌信息，仔细甄别筛查这些信息通常会消耗我们的认知商。社交媒体网络使我们便捷地与朋友和家人分享各种像病毒一样传播的信息，且不管它是否真实。（最近像病毒一样传播的帖子就错误地指出，疾病控制中心建议母亲停止母乳喂养以提高疫苗的功效。）如果我们在脸书上看到一篇有关健康的文章，我们的姐妹、表妹、好友和同事通过电子邮件也发来同样的文章，我们的认知可能会被歪曲，以为我们可能会有什么严重身体问题——导致失眠（由于一直担心疾病，不停搜索信息）和抑郁。互联网充满了无穷的数据——并不总是准确——如果我们不动用认知商辨别真伪，就有可能成为疑病症患者。通过提高洞察力和接受治疗，疑病症患者可以提高认知商，更好地认识他们的健康错觉。

对于担心床底下藏有带激光枪小绿人的那些人来说，那是完全不同种类的错觉，对此，我们将在下一章讨论。

第 3 章

所见非所得：

大脑诡计和错觉

哈里·胡迪尼[①]，这位20世纪初期——也许是历史上——最著名的魔术师和逃脱艺术家说过："眼之所见，耳之所闻，心之所信。"

人们都喜欢探索奥秘。我们为错觉和魔术着迷，不惜暂时不去辨别现实和幻想，心甘情愿地降低认知商，让想象沉醉于眼花缭乱的娱乐之中。这也就是为什么人们会对一些才华横溢的艺人表演趋之若鹜，如佩恩和特勒[②]、大卫·布莱恩[③]和大卫·科波菲

---

① 哈里·胡迪尼（Harry Houdini，1874—1926）：原名埃里克·韦斯（Ehrich Weiss），匈牙利裔美国魔术师，享誉国际的脱逃艺术家，能不可思议地从绳索、脚镣和手铐中脱困，同时也是以魔术方法戳穿所谓"通灵术"的反伪科学先驱。——译者注

② 佩恩和特勒（Penn &Teller）：美国著名魔术师组合，自20世纪70年代以来活跃在舞台和各类电视表演秀节目中，以揭秘自己的魔术在美国演艺界独树一帜。除了魔术表演，这对搭档还通过电视节目《佩恩和特勒：胡说！》宣扬无神论、科学怀疑论和自由意志论。——译者注

③ 大卫·布莱恩（David Blaine，1973年出生）：美国幻觉魔术大师，进行过多次惊世骇俗的表演，挑战人类极限。1999年，布莱恩躺在一个仅供应水的塑料棺材里，埋在地下7天之久而安然无恙。2000年，布莱恩在一块重达6吨的冰块中度过了61个小时。——译者注

尔[1]等。心灵魔术[2]是魔术的一种，它的表演者，如达伦·布朗[3]和马克思·梅文[4]，能用巧妙的花招来使自己看起来能够读懂或控制人们的思维。（我确信我那对 11 岁的双胞胎女儿正在研究这类魔法。）

一些技艺精湛的魔术师和心灵魔术师总是对观众说，他们的表演其实不涉及心理现象。尤其是佩恩和特勒，尽管他们曾公开解密自己的把戏，但观众仍然对此十分感兴趣，因为他们的手法和其他专业魔术技巧需要大量练习和训练，许多戏迷仍然无法理解他们的魔法奥秘所在。

据说，一些人真的曾将心理错觉付诸实践。20 世纪 70 年代后期，国防情报局（Defense Intelligence Agency）组建了一个名为“星际之门计划”的特别研究小组，希望通过精神研究来确定某些精神能力能否被测量并用于军事目的。这听起来好像《X 档案》（*X-Files*），不是吗？当时，美国政府认为该项目潜力巨大，值得花重金去测试一些知

---

① 大卫·科波菲尔（David Copperfeld，1956 年出生）：美国著名魔术师，其艺术表现力和想象力非比寻常。1983 年，凭借消失的自由女神像魔术的成功一举成名。他还拍摄过《大卫·科波菲尔的魔术世界》系列专题节目。凭着卓越的艺术成就，他 19 次获得美国电视艺术艾美奖。——译者注

② 心灵魔术：与心灵有关的如读心术、透视、感应和预言等超能力类魔术。——译者注

③ 达伦·布朗（Derren Brown，1971 年出生）：英国著名魔术师兼心理学家。——译者注

④ 马克思·梅文（Max Maven，1950 年出生）：当今世界最出色的心灵魔术师之一，经常在电视节目中表演神奇的心灵魔术，曾是许多大牌魔术师的表演顾问。——译者注

名人士，如尤里·盖勒[①]和英戈·斯旺[②]的能力，特别是他们的遥视能力——即无须身临其境就能看到位于他处的物体（据说斯旺甚至看到其他行星，如木星上的事物）。直到今天，他们的许多特技仍没有得到合理的科学解释。

当然，也有一些怀疑者——尤其是詹姆斯·兰迪（James Randi）。兰迪本人是一位颇有成就的魔术师，人们称其为“神奇的兰迪”，他一生都致力于揭穿心理现象的真相。他曾说：“尤里·盖勒也许有特异功能，能把勺子变弯；如果真是这样，他能做到这一点也毫不轻松。”我个人认为兰迪只是嫉妒罢了。就像玛格丽特·撒切尔夫人曾经这样说过诋毁她的人：“那些贬低我的人看到我在泰晤士河上走过，他们会说这是因为我不会游泳。”

单单认识魔术和错觉的表面价值而不质疑其艺术形式，这完全没有问题；这不过是纯粹简单的娱乐活动罢了。观众们可能会说：“尽管我也不知道他是怎么表演的，但我就是喜欢这个魔术。”关键就在于从心里认可这个把戏。当人们确信他们所看到的舞台上的表演无论多么牵强附会，都是百分百真实的，那么这个时候就是低认知商的临

---

① 尤里·盖勒（Uri Geller，1946年出生）：以色列魔术师，世界闻名特异功能者，最出名的表演是把汤匙或钥匙弯曲。他的表演被沃卓斯基兄弟用在《黑客帝国2》中。——译者注

② 英戈·斯旺（Ingo Swan，1933—2013）：美国艺术家，声称自己拥有超视特异功能。1973年4月27日，英戈·斯旺宣布，他在著名的斯坦福研究院实验室里遥视了木星，后来，“先锋10号”太空探测器证实了他的遥视结果。不仅如此，他还“看见”太平洋底5000米深处的沉船，帮助美国中央情报局找到一艘因爆炸而沉没的潜艇，打捞到苏联海军密码和高级破译机，一时名声大噪。——译者注

界点。

另一方面，那些坚定的怀疑论者的思维非常具体、缜密，他们认为，任何无法通过逻辑和视觉、感觉以及触觉解释的东西都匪夷所思。对于错觉，我们认知商程度不同，大多数人都介于极端观点之间。

然而，对于大多数人来说，要接受那些坚持自己错觉的人的观点，而且这些观点已被证明缺乏现实基础，是十分困难的。因为我们的“唯实主义”认知商无法解释并接受这些错觉，对那些盲信者我们往往一笑了之——不管他们有多么聪明——认为他们太容易上当受骗，如果说得更直白的话。为什么他们的“认知商受体”容易使其认为这些错觉都是真实的呢?

在很大程度上，这些盲信者愿意选择相信。他们有意识或下意识地喜欢这些错觉，在某种程度上情愿相信它们都是真的，因为他们的认知商认为它们是真实的。他们相信魔术和错觉，因为想到一些人具有“特异功能”并且能做出各种匪夷所思的事情，这非常有意思。(想想那些超级英雄主题电影和电视节目吧，从《神奇女侠》到《复仇者联盟》《超人》《蝙蝠侠》《捍卫者联盟》，再到《X 战警》，林林总总，不一而足。)

无论是好是坏，一个无法回避的事实是，我们不得不依赖头骨内三磅[1]重的敏感生物组织来区分现实和错觉。在这一章，你将了解

① 1 磅 ≈ 0.454 千克。——编者注

到，我们的大脑能制造出看似和眼前其他事物一样真实的错觉。

黑暗清醒梦境

一个熟人告诉我，在他 5 岁的时候，住在皇后区一栋两层楼里，他曾看到一个外星人在楼上卧室窗外的空中悬浮着。40 多年后，他轻描淡写地提到此事，而且在逻辑上他也知道，外星人从未在他窗外出现过，那完全是一种错觉。他从未说过外星人真的存在，但是直到现在，他还能生动地回忆起外星人那张绿色的脸和靠近玻璃的触角，以及他那暴突的眼睛盯着他的样子。他的错觉记忆仍然非常真实：为什么这么多年过去了，他的记忆仍然如此鲜活？

有数百万人声称看到过外星人，他们中一些人还确信自己曾被外星人绑架过。除了阴谋论的观点，像气象探测气球被误认为不明飞行物、掩盖离奇事件（如新墨西哥州的罗斯威尔事件[①]）、各类“目击者”描述等，并没有确凿的证据能支持这样的观点，即定期会有外星人来访。关于外星人是否存在的问题，卡尔·萨根（Carl Sagan）认为：“我的标准观点是——在这个世界之外有很多地方，生命分子无处不在，有几十亿之多。如果说不存在外星人，我感到不可思议，当然，目前还没有令人信服的证据证明这一点。”

① 罗斯威尔事件：1947 年发生在美国新墨西哥州罗斯威尔市的坠毁事件。美国军方对外单方面宣称，坠落物为实验性高空气象侦察气球残骸，但由于并未公布具体细节，许多民间 UFO 爱好者及阴谋论者认为，坠落物为外星飞船，美国军方不过是试图掩盖外星人被捕获的事实。时至今日，针对该事件仍然有很多版本的解释，真相仍然扑朔迷离。——译者注

为什么那么多人相信“真相尚无定论”，就像《X档案》里的福克斯·穆德（Fox Mulder）所说的那样？除非有相反的事实证明，否则科学家将继续认为，外星人经历和其他很多现象都是我们睡觉时想象出来的生动错觉。你可能会问，为什么这些错觉看起来如此真实？更大的可能性是，有这些经历的人患有一种被称为睡眠瘫痪症的常见失调病症，据说人群中有四成人都有此病症。

睡眠瘫痪症患者往往感觉自己完全清醒，而实际上他们正处于睡眠状态或正在醒来的过程中。他们处于有意识和无意识之间的某个状态，受大脑欺骗认为，在这个时刻发生的一切都是现实中发生的。这时，“黑暗清醒梦境”［“清醒梦境”的极端情形，“清醒梦境”[①]的概念由弗雷德里克·凡·伊登（Frederik van Eeden）于1911年提出］掌控他们的大脑和感官，他们天马行空地想象。悬在意识和下意识世界之间，睡眠瘫痪症患者处于这种状态时无法动弹。当外星人或陌生人出现在床边时，尽管他们可能想动，但感到似乎被冻住了，孤立无援。或者他们感到被一束炫目的光线击中，被运到船上，躺在金属板上，小绿人在他们身上进行试验。醒来后（真的醒来），他们会被吓得一动不动，黑暗清醒梦境中的身体痛苦和其他恐惧感觉仍然在眼前栩栩如生。

但为什么外星人会如此频繁地出现呢？当我们陷入睡眠瘫痪状态

① “清醒梦境”即做梦者清醒地认识到自己在梦境中，甚至能进一步控制梦的内容。1911年，荷兰精神病学家弗雷德里克·凡·伊登首次使用“清醒梦境”这个术语，形容个体在梦境中扮演积极角色的感觉。做梦者知道自己并不清醒，但他有机会参与对别人来说不可能的行为。——译者注

的时候，大脑不知该如何理解这些错觉，稀里糊涂地想弄明白这是什么情况。我们的感官被调动起来，它们发送给大脑的信号被理解为我们想象中的熟悉事物：外星人。我们的大脑深处植入了关于外星人的记忆，这些记忆来自电影、电视、书籍，甚至是一幅画作。虽然触发这个形象的东西可能根植于我们内心深处——比如说由于童年隐秘的心理创伤而导致的无力感——但对这种梦幻错觉的理解是在大脑中形成的，我们相信外星人真的存在。

每天我们都被隐藏在记忆库里的形象包围。碰巧的是，我前面提到的那位熟人承认，小时候他经常和父亲一起观看原版《星际迷航》电视剧和其他科幻类节目。年少的他极易受外界影响，以至对电视上的彩色图像念念不忘，所以在他的黑暗清醒梦境中出现了外星人形象，是否有这个可能呢？

当大脑无法识别错觉时——比如在黑暗清醒梦境中——我们的思维使我们相信这些事情的确发生过，因为当明明感觉它们如此真实的时候，我们无法想象这种戏剧性的情感和感觉会是虚假的。对此，我有切身感受。在写这一章的前一天晚上，我就体验到了某种睡眠瘫痪。当时，我独自一人住在田纳西州查塔努加（Chattanooga）一家旅馆里，准备参加赛艇团体赛。我正睡着时，感到自己看到一个男人正站在床边，他抓住我的胳膊和肩膀，把我按在床上。我全身无法动弹，也无力喊救命。后来，我醒来后才意识到经历了一次黑暗清醒梦境，也就是睡眠瘫痪。

在睡眠瘫痪这段时间，我们头脑中会出现各种图像，就好像我们亲眼所见一样。在这之后很久，我们仍然可以描述这种强烈感觉，例如外星人用针扎我们的身体和外星飞船上实验室里的奇特气味等。这当然很可怕，但事实上，这只是思维降低了我们的认知商。

但是，这并不是说所有外星人目击事件都出现在黑暗清醒梦境中，或者说各种体验都是低认知商造成的。在一些有记载的事件中，很多人都目睹过一些神秘物体（其中一些发生在白天）。这些事件都有拍照和录像留证，至少有一些（或很多）可能是气象气球或是伪造的图像（现在很容易做到）——但是还有一些事件仍然无法解释。

安娜·查马拉是一位受过教育、声誉良好的秘鲁导游，有着23年的导游工作经验，她曾经带着我和我的妻子在秘鲁游览了一个星期。在这期间我们成了熟识的朋友。我们在马丘比丘山（Machu Picchu）游玩时，安娜告诉我们，这里是印加人[①]的神秘圣地。据她所知，包括她的一个朋友在内的很多人都说晚上在那里看到过精灵或鬼魂。（据我所知，现在这里晚上不再开放了。）

安娜讲了1999年发生在一位名叫杰瑞·威尔斯的游客身上的故事。他来自亚利桑那州，是一位人体能量治疗师，当时他正在秘鲁度假，安娜做他的导游。杰瑞告诉安娜，在婴儿时期，他来自另一个星球。安娜笑着拿他开涮。杰瑞一点也不生气，只是淡淡地说："明天我的朋友们会来。"

---

① 印加人（Inca）：又称印卡人，南美洲古代印第安人属蒙古人种美洲支，使用克丘亚语。"印加"的意思是太阳的子孙，印加人主要生活在安第斯山脉中段，中心在秘鲁的库斯科城，信奉多神，以天神为主，重视礼仪。——译者注

第二天早上，她带着杰瑞去游览了瓦伊纳比丘山（Huayna Picchu Mountain）。杰瑞叫住安娜，让她看他手所指的峡谷对面马丘比丘山右侧山脉。通过双筒望远镜，安娜看到在和山巅同样高度的地方，有一个直径约为 12~15 英尺[①]的物体，而那个地方是攀岩者无法到达的。那是一个巨型灰色金属状球体，顶部呈黑色，看起来一点也不像气象气球（或任何种类的气球）。这个圆形物体来回移动。安娜脱口说道："噢，天哪！"她和旅游团的其他游客一起仔仔细细观看了大约 15 分钟，之后才继续他们的旅程。她对我说，从那以后她再也没有见过类似的东西。她不是在做梦，也不是在妄想，因为她和很多游客都清晰地看到了这个圆球状物体；事实上，旅行团中的一名游客还把这一发现拍摄了下来并且又回放了几次。安娜当时没有像睡眠瘫痪症患者在黑暗清醒梦境中时那样感到没有气力或非常恐惧。

这到底是怎么回事？这是低认知商的表现吗？我认为不是，原因如下：安娜是一个可靠的人，她讲故事时并没有把自己看到的归结于任何特殊外星生物或超自然现象，也没有刻意炒作和夸大。她只是讲述她所看到的情况，这让我相信，她确实看到了一些奇怪的东西。在科学能够提供具体证明之前，完全可以让这个问题留待公众判断或猜测。承认存在一些无法解释的秘密——以及保持健康的科学的怀疑态度——激发了我们的想象力并让这个世界不断充满奇迹。

---

① 1 英尺 ≈ 0.305 米。——编者注

抹黑：艺术是错觉还是谎言？

巴勃罗·毕加索说过："我们都知道，艺术不是真理。艺术是谎言，它让我们认识真相，至少是呈现给我们理解的真相。艺术家必须懂得这个道理，这样才能说服别人相信谎言的真实性。"

毕加索的话是什么意思？插在花瓶里五颜六色的鲜花，它们平静的生命中哪里有什么"谎言"？如果所有艺术都是谎言，那为什么我们还要去博物馆、展览馆和参观各种展出？我们为什么需要包括毕加索在内的艺术家？虽然很多人都会撒一些无伤大雅的小谎来逗乐，但有谁愿意上当受骗呢？

要解释为什么有这种需求，我们必须了解大脑，是它帮助我们理解那些我们视之为艺术的线条、颜色、图案和图像。在人类对神经科学有所了解的很久之前，艺术家就创造了非常吸引人、令人兴奋异常的关于人、地方和事物的错觉，这些错觉并不存在，但似乎是真实的。艺术家们很大程度上左右了我们的认知商，不断挑战我们的观点并让我们关注和理解他们的工作。

几个世纪以来，艺术家们一直使用特殊颜色来表达绘画中的深层感觉，即一种被称为"色彩实体视觉"（chromostereopsis）的效果（我敢说你对此非常熟悉）。例如，红色代表前进，蓝色代表后退，蓝色和其他冷色调用于表达遥远形象。

色彩和亮度是艺术家的素材。大多数人眼睛的视网膜有三种视锥细胞：红色、蓝色和绿色。你之所以知道看到的是什么颜色，是因为你的大脑在比较两种或三种视锥细胞。亮度——物体从一个特定方向发射或反射的光能量——和视锥细胞活动一起衡量通过给定区域的光线的多少。

为了让某物体看起来具有三维效果和更加逼真，艺术家添加了一些元素，如明度和阴影，这些都是现实中不存在的，但是它们直达我们内心深处对“应该如何”的固有期待，这样就欺骗了大脑。

说到艺术，我们的大脑很容易识别人脸——即便我们看到的是由色条、色块或毫不相干的图像所构成的图像（可以想想查克·克洛斯[①]的绘画）。研究人员发现，大脑中与情绪和第一反应有关的杏仁核对面带恐惧的模糊脸部照片的反应，更甚于不带表情或异常清晰的脸部形象。同时，如果面部模糊，识别面孔的那部分大脑活动就不积极，这也许表明，当我们视觉系统中注重细节的那部分注意力分散时，比如面对用不真实的色彩或色标表现面部的印象派画作时，我们的情绪反应更强烈。

综合：戏剧、音乐、艺术和错觉

为了避免只有画家才能要弄我们的认知商的看法，下面来看一个当代名作以及它如何和戏剧、音乐以及艺术共

① 查克·克洛斯（1940 年出生），美国超级写实主义画家、照相现实主义代表画家，擅长使用极具创造性和非常复杂的图案来创作人的肖像。他的作品被多家博物馆收藏并受到众多收藏家追捧。——译者注

同探究创造性过程，甚至是质疑现实。由斯蒂芬·桑德海姆（Stephen Sondheim）作词和作曲，詹姆斯·潘恩（James Lapine）编剧的普利策奖获奖音乐剧《星期天与乔治同游公园》（*Sunday in the Park with George*）展示了艺术是如何从不同视角创造的。在第一场中，我们看到19世纪印象派画家乔治–皮埃尔·修拉（Georges-Pierre Seurat）在舞台上现场创作他的杰作《大碗岛上的星期日下午》（*A Sunday Afternoon on the Island of LaGrand Jatte*）。（他先在公园里画草图，后来在工作室将其修改为传奇巨作。）当他画画时，我们看到他变魔术般地创作出画中人物并对其进行组织；巧妙构图（在某处画了一棵树，然后又擦掉，扰乱了画中人物的真实感）；借助画中人物之口（包括一条狗在内）唱歌；爱上了他的模特多特（使其浪费了大量感情）。音乐、歌词和修拉绘画时的激情融合在一起，共同反映和诠释了艺术家利用色点作画的革新性点彩绘画风格（这也是他情人标志性名字的来由）。

艺术家修拉通过点状绘画技巧，巧妙利用颜色和光线——例如，将蓝色和黄色彼此相邻，产生绿色错觉，我们能够抓住这个神奇的动态艺术理念精髓，同时又在视觉上被混合颜色的错觉所迷惑（认知商被降低）。当写实绘画和嵌入其中一动不动的演员融合在一起时，我们感觉仿佛目睹了艺术在舞台上的诞生。戏剧影响、刺激和操纵我们的认知商，加深了演员和观众之间的关联；同时，它实时创造了另一个现实错觉，我们从中获得了很多乐趣。

最让我们难以忘怀的名画之一是爱德华·蒙克（Edvard Munch）创作于1893年的表现主义杰作《尖叫》（*The Scream*）。当我们想起这幅作品，会真切感受到前景人物所受到的折磨，甚至可能回忆起他（或她——性别不详）身后正在消退的彩色旋涡。蒙克创造了一种强烈错觉：他把尖叫声通过栏杆另一侧的旋转波浪可视化了。尖叫声是如此强烈，它甚至将画中的人物液态化。这幅画可以从多个层面进行解读，不仅因为它激发了观众的情感共鸣，而且因为这幅画作带有自传意义。这幅作品的构思来自蒙克对两个人离去后产生的爆炸般反应，这两个人在背景中隐约可见。无论他当时是否意识到了这一点，蒙克有效地扭曲了我们的思维，让我们相信尖叫声是从他的画作中传出来的，它根本性地破坏了环境和人物形态，使其形状发生变化——对于观众来说，他们的认知商停留在极低的层面。

另一位表现主义画家，文森特·梵·高（Vincent van Gogh）深受自身极具天赋的洞察力的困扰，他将其以扭曲的视觉和梦境的形式在画布上表现出来。他的认知商完全失衡；对于梵·高来说，干草堆并不只是干草堆，他将其诠释为有生命力的、会呼吸的物体。在研究和作画时，他完全有可能就是这样认识干草堆的。

几乎没有其他画家的生活和工作（以及两者之间的关系）能比

梵·高更被人津津乐道。他是否像人们所说的那样患有未经确诊的颞叶癫痫、铅中毒、躁狂症、抑郁症或精神分裂症，对此我们永远无法确定。无论是什么原因改变了他的认知商，我们都可以断定，他的大脑在不断地捉弄他；他非常相信错觉以至错觉驱使他用艺术将其表现出来。

被科学所蒙蔽：可以证明错觉就是错觉

在这一章，我们探讨了认知商如何被各种错觉操纵，这体现在魔术、疾病感知、梦境和艺术中。我们为什么还要怀有幻想，而理智严谨的科学又是如何看待这个问题的呢？在其作品《斐多》(*Phaedo*)中，柏拉图写道："人类所听到的和所看到的是确定无疑的吗，或者说我们既无法听到也无法看到准确的东西？"后来他又补充道："眼睛和耳朵以及所有其他感官所感受到的都是靠不住的。"

作为一名医学专家，我永远不会质疑某些科学真理：眼睛如何探测光线，声音如何通过耳道传播，我们的皮肤如何具有触感等。然而，科学家们总是孜孜以求地挑战当代科学，因为有太多东西无法解释，揭示更多数据和事实可能会发现更好的解决方案。我们不能满足于现状，应该不断提高对科学的认识。如果我没有勇于挑战许多眼科专家和外科医生的观念，创立被称为"霍尔科姆 C3-R[①]"®（以美国

① C3-R：即角膜胶原（corneal collagen cross-linking）与核黄素（riboflavin，维生素 B_2）和长波紫外光交联的外科治疗方法，用于治疗角膜扩张疾病，如圆锥角膜病、透明角膜边缘变性和激光视力手术后角膜扩张等。——译者注

雪车运动员、冬奥会金牌得主史蒂芬·霍尔科姆的名字命名）的无创疗法来治疗圆锥角膜症，成千上万的病人将会遭受痛苦的创伤性角膜移植。[①]

人都会有错觉，认知商的高低是我们分辨错觉的驱动力。深夜，独自一人在漆黑的起居室里，挂在钩子上的外套是否让你觉得是某个人站在那里？当然，尽管在逻辑上你知道那一定是件外套，你的反应却是开灯确定你的认知商没有被欺骗。更进一步讲，如果半夜停电，你没有蜡烛或手电筒，那件外套会不会看起来像一个手拿武器的小偷？假设这发生在万圣节，你吃了太多的粟米糖，屋外雷雨交加，你的认知商会突然发生不利的逆转，以为那件外套是一个可怕的鬼魂或怪物。

错觉有不同的层次，因人而异。这取决于大脑解剖结构的差异。在一项研究中，一群人被要求观看一幅“蓬佐（Ponzo）插图”，这是一种几何光学错觉，插图显示伸向远方的火车轨道，上面有两根水平黄条。设计这个插图的是意大利心理学家马里奥·蓬佐（Mario Ponzo）。他认为，人脑根据物体背景判断物体大小。在受试者看插图的时候，研究人员使用高分辨率的功能性磁共振成像（fMRI）技术扫描这些人的大脑。研究人员询问他们，如果让下方黄条看起来和上方黄条一样大，应该将下方黄条变大多少，这样就能确定错觉大小。

---

① 关于我反对以传统医疗方式治疗圆锥角膜症，帮助病人恢复视力的 TEDx 演讲，见 YouTube：www.youtube.com/watch?v=7RUN9wK0uPA. 也可以直接在 YouTube 上搜索“boxer wachler tedx”。

尽管所有受试者都认为一个黄条（上方的）更大，但每个人对大小的感知有很大差异。这些差异存在于大脑后部初级视皮层的表面。研究人员发现，一个人的初级视皮层越小，他的错觉就越强烈。虽然初级视皮层影响错觉的程度，但在每个人确定错觉真实与否的过程中是感知商在发挥作用。

当我是加州大学洛杉矶分校（UCLA）的一名新生时，在心理学课上，我了解到一项大学生参与的研究。他们佩戴棱镜双目镜，世界发生了翻转，这有力地诠释认知的可塑性。认知就像肌肉一样能够接受训练，尤其是在避免困惑的时候。在清醒时，学生们必须时刻戴着这种眼镜，一戴就是几天。戴上专业棱镜双目镜后，受试者的视觉和认知受到严重干扰。你能想象开车时，一切事物看起来都颠倒过来吗？然而，在戴上这种眼镜一星期之后，受试者发现他们的视觉已经适应了，世界也变正常了。当他们摘掉眼镜后，他们又分不清东南西北，直到恢复正常视力。这个科学演示有力地证明了大脑可以像肌肉那样纠正已知的错觉——甚至为此创造了一种全新的错觉。

在“2012 年人类大会”演讲结束时，神经学家和艺术家巴拉托（Beau Lotto）说：“要么不存在错觉，要么全都是错觉。因为我们几乎都有妄想，我们可以选择自己的妄想。”这种说法可能适用于本章所描述的错觉类型，但是在下一章，我们要研究当认知商面对终极幻觉时这个说法是否仍然成立。这个终极错觉就是：死亡。

第 4 章

灵魂出窍还是入土为安：

认知商和死亡体验

“我不相信有来世，不过我还是随身带一套换洗内衣。”在伍迪·艾伦（Woody's Allen）的幽默短篇小说中的《亥姆霍兹对话录》（“*Conversations with Helmholtz*”）里，小说同名主角打趣地说道。

尽管我们开展了很多科学研究，但对死亡之后的事情我们仍然一无所知——最特别的是，在另一个世界是否还有什么东西能够存在。直到今天，没有人能以科学方法详细证明来世的细节。就像我在第1章中所说，我们对错综复杂的大脑的认识只是一些皮毛罢了。即便用无数知识来填补我们的匮乏，对于死亡和来世这个问题，我们将仍处于迷茫之中。

由于缺乏证据，我们怎能百分之百地肯定什么是现实，什么是幻想，进而判断我们的认知商高低呢？许多科学家和哲学家——包括怀有坚定信仰者——都不排除来世或灵魂的可能性。对此深信不疑的人不需要那些起死回生的人提供盖有“天堂之门”的护照来证明。

在医疗从业者中，就这个问题笃信不疑并著书立说的人很多，其中包括《生命不息》（*Life after Life*）一书作者雷蒙德·穆迪（Raymond Moody）博士、《精神大脑》（*The Spiritual Mind*）作者马里奥·博勒加德（Mario Beauregard）博士、《往返天国》（*To Heaven and Back*）作者玛丽·尼尔（Mary Neal）博士、《来世证据》（*Evidence of the Afterlife*）作者杰弗瑞·朗恩（Jeffrey Long）博士。朗恩博士还是濒死体验研究基金会（NDERF）的创始人，该组织收集了4000多例濒死体验（NDE）故事并在其网站上公之于众。尽管这些医学界人士的主张并没有我们所共知的科学依据，我们能说他们的想法都是正确的吗？是否有什么科学阴谋？

作为一名医生，对“灵魂”的信仰是否能证实所有来世故事的真实性？我的回答是：能，又不能。灵魂可能确实存在，事实上，可能真的有来世。（实际上，正如本章后面所说，你会发现我之所以相信灵魂出窍体验是出于我个人原因。）但问题是，我们没有任何来世的证据。天生的认知商使我们具备区分现实和幻想的能力，使我们衡量并设想难以理解的死亡理念，并提供一种意义和安慰来替代虚无感。如果在这个方面认知商很低，我们就会发挥想象以“窥探”我们所认为的来世图景。正是这些问题的调查研究一直吸引和困扰着人们，让人难以释怀：那就是濒死体验和灵魂出窍经历。

隧道尽头的亮光

为了得到濒死体验的统计数据，我们必须追溯到1992年的盖洛普（Gallup）调查，根据这项调查，1 300万美国人称他们曾窥探过来世。在今天看来，这个数字未免过高，特别是考虑到科学的进步和医生能以以往看似不可能的方式挽救很多生命。既然这么多人有过濒死体验，你可能就认识有过濒死体验的人，或者你自己有过这样的经历。关于来世的各种炒作报道激发了对人类意识的新观点，甚至连著名神经学家、无神论者山姆·哈里斯（Sam Harris）也思考生命大脑之外的意识问题。各种奇闻异象数不胜数，下面的例子是新闻报道中反复出现的场景：

- 进入隧道后看到炫目的光线
- 看见生活场景回放，就像“过去的生活在眼前闪过”
- 过世已久的亲友前来拜访：“我看到爷爷了。”
- 经过一段美丽的旅程，比如进入花园、天堂
- 见到上帝，通常是西斯廷教堂天花板上米开朗琪罗传统绘画中的白发人物形象
- 有过灵魂出窍体验（本章后面我们会讲到）

一些著名的濒死体验往往引起大众的关注。有一个名叫科尔顿·伯波的4岁男孩，在一次紧急阑尾切除术中，死亡约3分钟。当他奇迹般地活过来之后，竟能讲述在手术期间他父母的活动。他还说拥抱了一个没有名字的女婴妹妹，而那个女婴早已胎死腹中，他根本无从知晓她的存在；他对天堂之旅的详细描述和《圣经》里的描述如出一辙，但他在那个年龄压根儿还没有读过甚至听过这部分内容。科

尔顿的父亲将儿子的这段经历写成《天堂真的存在》（*Heaven Is for Real*）一书，这本书畅销数百万册，并被改编成了电影。

更令人吃惊的是哈佛大学神经外科医生埃本·亚历山大博士在其《天堂的证明》（*Proof of Heaven*）中讲述的故事，他的这本书被《纽约时报》评为畅销书。由于大肠杆菌侵袭大脑，他昏迷了7天，就在医生准备放弃治疗时，亚历山大醒了过来。他不仅奇迹般地完全康复，而且还称他在昏迷时去了一趟天国，直达神的本源。像亚历山大博士这样一位受过良好教育、声誉良好的医生不仅把他的濒死体验当作“事实”，而且还写书讲述他的经历，并将宣扬濒死体验真理作为自己义不容辞的使命，可以想象这在医学界会引起怎样的轩然大波。

还有其他许多像亚历山大博士这样杰出而又可信的人，他们觉得有必要分享他们的经历并说服别人相信这些经历的真实性。有些人死而复活后获得了一种全新的使命感；还有一些人复活后认为自己还有很多未竟事业有待完成。无论是何种情况，我毫不怀疑，他们完全相信自己的濒死体验是真实的，这些体验继而引导他们坚持自己备受争议的观点。虽然我相信濒死体验和灵魂出窍之类的事情，但我认为，逻辑和科学能帮助我们更好地理解这些体验。我相信，总有一天，匪夷所思的事情都将得到科学解释，就像我们愿意接受上帝和神灵与进化的事实并行不悖一样。同时我们知道，在最脆弱不堪、命悬一线时，的确存在一些科学能将死亡的主观性和我们的认知商联系起来。

我还活着

当你离开人世又重返人间讲述这段经历时，你会怎么说呢？在我们加速穿越死亡之谷，面对濒死体验经历及其与认知商的关系时，我们必须首先解决一个关键问题：如何判断一个人真正死亡？

当病人停止呼吸，心跳停止时，医生负责宣布该病人临床死亡和正式死亡。但这个“死亡记录时间”在法律意义上的记录是主观性的；另一位医生可能会在几秒或几分钟前后宣布死亡（或根本不会宣布死亡）。但心脏和肺是生命的最终决定者吗？一个公认的医学事实是，体内血液停止流动 30 秒之后，大脑活动仍然在继续：如果神经元突触仍在跳动，这个病人还活着吗？

2013 年，密歇根大学利用老鼠进行了一项研究。科学家发现，老鼠心脏停止跳动 30 秒后，仍然存在高度同步的大脑活动。在此期间，大鼠表现出意识表征和视觉活动迹象。这个研究结果带来两个问题：老鼠还活着吗？还是它们觉察到一些常规之外的东西？鉴于神经科学最近成功找到了意识神经关联，许多人会认为，这最后的电脉冲纯粹是神经元的随机活动——就像帷幕落下之前的谢幕一样。

2015 年，密歇根大学研究人员针对老鼠进行了另一项研究并得出了一个惊人的结论：当心脏骤停时，大脑有时会向心脏发出停止继续跳动的信号以加速死亡。新理论认为，外科医生可以通过修复心脏骤停病人的心脏，阻止病人大脑活动，来避免心脏停跳信号，从而有可能拯救病人的生命。

以上表明，生命体具有隐蔽的自毁系统——但原因是什么呢?我们可以推测，大脑有一个“行动或死亡”的退出策略，就像机器的“关闭”开关。在没有其他出路时，大脑想保护我们免受无法释解的疼痛，所以立即以程序化的自我保护机制认输放弃。就像按下开关，大脑就可以让心脏停止跳动。

回到濒死体验这个完整循环。有五分之一的心脏骤停幸存者称，在临床死亡之际看到过图景或有其他感受。大脑认为遭到致命攻击，实际上是向身体发送自毁信号，也许就能得出这样一个合理的推论，即大脑在尝试实施两个保护性策略中的一个：要么认为不能处理而接受（即死亡），要么承认发生的事情并提供安慰性表象来麻痹或分散垂死个体注意力。对于后者而言，大脑让身体放松下来，身外无物，内心平和，就像放映完一部电影短片，反映了我们的认知商是低还是高。

对于这些临死之际的脑电涌，还有其他可能性解释。一些科学家认为，血液中存在太多二氧化碳。肯塔基州立大学最近一项研究结果表明，濒死体验其实表明了快速眼动（rapid eye movement）侵扰。在紊乱状态下，人的大脑可以先于身体醒来，从而产生幻觉。心脏骤停会引发脑干的快速眼动侵扰，而脑干控制身体的最基本功能，并能独立于刚刚死亡的那部分大脑进行活动。如果我们的认知商较低，其导致的濒死体验就会像电影短片（或梦境），我们就会将其理解为来世景象。

动态认知

前文提到的密歇根大学的研究能否得出和濒死体验有关的更深刻结论？我们将拭目以待。切断大脑和心脏的联系能防止心脏骤停致死吗（即阻止按下“关闭”开关）？在这段时间里，如果人们禁止大脑活动，是否意味着死而复生的人不会有濒死体验？

对这两个问题，怀疑论者都会回答“是”。大家都知道，无论人们年龄、宗教、种族、宗派和肤色如何，都有可能会有濒死体验，然而，极少有这样的情形，一个人所看到的异象超越其背景、信仰和参照系。这显然是对濒死体验的否定。精神科医生、《论死亡和濒临死亡》（*On Death and Dying*）和《论悲伤和悲痛》（*On Grief and Grieving*）这两部开创性著作的作者伊丽莎白·库伯勒–罗斯（Elisabeth Kübler-Ross）根据她对两万名有过濒死体验的人的了解，出版了一部随笔集。她承认文化对认知的影响，即意识在死后依然存在：“我从来没有遇到过在其弥留之际见过圣母玛利亚的新教徒儿童，但是很多天主教儿童却见到过她（圣母玛利亚）。”

这些不同的宗教暗示为什么会如此迥异？这是否说明，对于宗教倾向不同的人来说，他们对天堂的认识毫无关联，只是依据个人想象形成的，（如果真是这样，能在亚马逊网站上预定吗？）还是人们不愿意接受或表现出与他们在现实世界中的信仰体系不相符的景象？我们的思维不仅赋予我们乐于接受的世界观（高认知商），同时也赋予我们愿意接受的异界观（低认知商）。在科学能够提供更多信息之前，我们不能完全否定这样的观点，即不同宗教观念在人死后仍然同时存在；或这样一个事实，即从濒死体验中所获得的信息是我们的思维精心设计并让我们乐于接受。因此，认知商的低（笃信者）和高（怀疑论者）不一定是坏事——除非科学能无可辩驳地否认这些濒死体验的真实性。

当然，如果每个人都盲目地认为在死后必有幸福天堂，这造成的损失是难以估量的：会不会有自杀率明显升高的危险？坦率地说，如果你的生活一团糟，既然科学能够证明天堂像米开朗琪罗画作中描绘的那样美好，自杀似乎是一个不错的选择。我的建议是：生命诚可贵，不要做傻瓜。

除了少数几个特例，人们对濒死体验的描述都和上天的惩罚无关。然而，这可能是因为自称有濒死体验的人通常都是爱心人士，社会地位较高。假如一个谋杀犯或强奸犯的确经历过濒死体验，那么他们的经历一定非常有趣。对这样的人来说，来世会不会并不是那么令人极度愉悦呢？

至于像我这样的濒死体验信徒，还有另一种方式去理解如果阻断大脑，濒死体验被阻止将会发生什么事情。在这段时间里，虽然灵魂可能游荡到另一个世界，但我们的大脑似乎无法回放这段经历，因为负责表象的那部分大脑已经无法正常运作，难以让我们理解事物的意义。我们的思维需要大脑信号来解释那些无法解释的事物和/或提供平和的——如果不是狂欢的——我们感到熟悉的图像，从而使我们忘记死亡之幕正在徐徐合上。当我们处于“阴阳两世”时，我们的思维仍在以看不见的方式活动，并利用形象、想法、人物和事件安慰我们，帮助我们解释我们不理解（或在心理上不愿意理解）的知觉和感受。

无意识时的意识

到目前为止，本章提出的各种假设仍然没有解释为什么一些人会声称在濒死之际看到或知道一些似乎不可能的事情。正如年幼的科尔顿·伯波说他和妹妹在另一个世界中相遇，而他的这个妹妹早已胎死腹中，他不可能知道她的存在。还有一些人所经历的事情难以解释，他们在濒死体验中发现原来他们是被收养的，或者是竟与他们素未谋面的亲戚相遇，他们甚至能非常准确地描述这些亲戚的个性特征。在这些非同寻常的情况下，认知商起到什么作用呢？

这个秘密就在于我们的意识——这也是科学家为之激烈争论的问题。神经科学最近的突破性研究表明，科学领域的确存在意识。即使当我们处于无意识状态时，我们的大脑仍在努力解读那些让人困惑的经历。没有人会否认，大脑在这个时刻仍然保持活跃。在那个灰色地带，我们把思维深处的一些点连接起来，直到找到一些我们熟悉和相关的东西。无论我们头脑中的声音或图片是基于埋藏心底的记忆，还是由我们的想象力形成的，它们都以我们熟悉的事物为基础——我们所知道的或至少已经习惯于认为它们是真实的。比如，像科尔顿·伯波这样的孩子对濒死体验的认知就与其宗教背景和主日学经历有关。至于科尔顿是否听到过家人谈论他那夭亡的妹妹（他有意或无意地听到）或凭直觉感受到一些什么，这一点我们永远无法确定。

我们可以推测，由于儿子死而复生的神奇经历，伯波家人有接受奇迹的先天倾向。他们的认知商可能乐于接受儿子看到他们那没有名字的女儿，因为他们可能愿意相信她去了一个更快乐的地方，并在另一个世界长大成人。他们最大的愿望或许就是与另一个世界的女儿团聚，甚至能在某天为她取个名字。考虑到这种可以理解的愿望，伯波家人在儿子面前不经意地植入一些微妙暗示，强化了《圣经》所说的天堂的存在，这不是不可能的。

讲这个故事并不是为了“揭露”伯波家事——或任何自称有濒死体验的人的隐私。不可否认，科尔顿或他的家人对他的经历深信不疑。但是，我想说的是，我们虽处于无意识之中，仍然有一定的意识，这使我们能看到、理解和拼凑那些别人告诉我们的事情片段，或我们熟悉的图像、经历和背景片段。我们的大脑仍然需要处理和传递对“来世”的认知，使其易于我们理解。那些濒死体验幸存者身边的人的认知商可能比较低，因为他们愿意相信这些故事。这并不一定是积极或消极的事情，但这些事情会以一定方式支持他们的信念，并且令人无法反驳。

名人的濒死体验

名人也不能幸免于病毒侵袭或濒死体验。有趣的是，尽管许多名人都渴望公众关注他们在现实生活中的各类八卦资讯，但在濒死体验中心公共关系部，他们却对公开他们的经历异乎寻常地讳莫如深，好像不想被别人认为是危险的狂想者或瘾君子一样。在接受采访时，他们爆出的离奇体验与其他人所讲的并没有什么主题上的不同：炫目的灯光、隧道、与已故的亲友在来世邂逅等。他们也在信息指引下返回现世生活，很多人后来认识到有待完成的使命（例如成为一名人权卫士）和/或通过戒毒或皈依宗教而反转人生。声称有过濒死体验的名人（本书写作过程中仍然在世）包括：托尼·班奈特①、唐纳德·萨瑟兰②、奥兹·奥斯朋③、莎朗·斯

① 托尼·班奈特（Tony Bennett, 1926年出生）：美国歌手，生平总计灌录过上百张唱片，创造了全球5 000万张专辑的销售奇迹，获得过包括终身成就奖在内的14座格莱美奖。2016年在第58届格莱美音乐奖中获得最佳传统流行演唱专辑奖。——译者注

② 唐纳德·萨瑟兰（Donald Sutherland，1935年出生）：加拿大演员，在多伦多大学就读期间开始参加剧团，在当地演出。1965年在伦敦登台演戏。1970年在影片《流动外科医院》中扮演一名在朝鲜战争中的战地外科医生，从此一举成名。曾经出演过中国影片《白求恩大夫》。2001年参演冯小刚导演的电影《大腕》。2017年获美国电影艺术与科学学院颁发的奥斯卡理事会奖。——译者注

③ 奥兹·奥斯朋（Ozzy Osbourne，1948年出生）：英国歌手，音乐生涯开始于20世纪60年代末组建布鲁斯摇滚乐队“地球”，后来乐队改名为“黑色安息日”。该乐队以其缓慢黑暗的旋律和压抑的主题在整个70年代乐坛独树一帜。——译者注

通[①]、切维·切斯[②]和加里·布塞[③]。就连美国前总统比尔·克林顿也曾说，在一次手术中，他的心脏停跳73分钟，经历了濒死体验。他的感受比大多数人都真切："我看到黑暗面具，死亡面具，一个个地破碎，然后我看到巨大的光圈，希拉里的图像或切尔西的脸出现在灯光下，然后她们消失在黑暗中。"

这恰恰就是强调认知商中的"商"这个字的原因。对于我们的无意识思维来说，破解下意识信息并把它们翻译还原成连贯的、准确的、可信的真实生活极其不易。我们了解的濒死体验故事越多，它们就越会渗入我们的精神世界，像方块拼图一样潜伏着，直到生死攸关的那一天来临——距现在还有很长一段时间——到那时，我们将与死神擦肩而过。

---

① 莎朗·斯通（Sharon Stone，1958年出生）：美国演员，1992年凭借情色片《本能》被世人熟知。1995年，凭借犯罪片《赌城风云》获得第53届金球奖最佳女演员奖和第68届奥斯卡最佳女主角提名。主要作品有《第六感女神》《本能2：致命诱惑》《豪门生死恋》《迪奥与我》等。——译者注

② 切维·切斯（Chevy Chase，1943年出生）：美国演员、编剧、制片人，因《周六夜现场》在电影界大获成功。——译者注

③ 加里·布塞（Gary Busey，1944年出生）：美国演员，代表作品有《食人鱼3D》《莉齐》《奈特传奇》等。——译者注

顺流而下：灵魂出窍体验

灵魂出窍体验（OBE）类似于濒死体验，有关前者的一些报道也涉及病人死亡几分钟或更长时间。通常认为，灵魂出窍体验和濒死体验之间的区别在于，前者发生时生命个体在临床意义上仍然活着。很多人说，他们不仅在濒死体验时感觉脱离了自己的身体，而且在手术中、睡觉或昏迷时也有过这种感受。如果某人说他灵魂出窍时并不是处于某种躺着的状态，这非常少见。大多数情况下，在灵魂出窍时，人们感到向上飘浮起来，失去知觉，睡着了或者死了，低头看着自己的身体，好像脱离了身体。有时，人们还会看到，在他们了无生机的身体周围还有一些围观者。

在一个著名案例中，一名荷兰病人在心脏骤停时，他的假牙被取了出来。他苏醒之后，护士找不到他的假牙，这位病人告诉了她们假牙在哪里。当他的假牙被取出来时，他已经处于临床死亡状态。这实在令人匪夷所思。

与濒死体验相比，我们应如何看待这种现象呢？在这一章，我已经给大家留够了悬念，所以现在我就来讲讲我自己的灵魂出窍经历。这并不是要让大家相信任何宗教或超自然的蠢话，而是要说明，如果你或你认识的人有过灵魂出窍体验，这并不是说你或他们都是疯子。这还有助于提供一些佐证材料来解释为何我相信我的认知商在这些异常紧张和看似真实的时刻发挥作用。

1989 年，我在苏格兰爱丁堡大学学习。我参加了大学赛艇队，为备战在英国河流和湖泊（或苏格兰人所称的海湾）上的激烈比赛，经常进行艰苦训练。通过训练，我的静息状态心跳大约每分钟为 31 次——也许太低了。一天晚上，我正在寝室里睡觉，我感到自己是醒着的，但我觉得自己飘到了天花板上，凝视着熟睡中的我。我有一个强烈的想法，我必须做出选择：要么离开身体飞到远方——我的理解是我将死去，要么回到身体中继续活着。我想，还有那么多事情要去完成，因此我就回落到我那睡着的身体中。那晚之后，我仍然能生动地回忆起那种感觉，就好像事情刚发生；这种经历如此真实，与我之前或之后的任何睡梦都不一样。

在你慌忙去查证我的从医资格证书之前，我保证证书都是真实有效的，不是在网上购买的。我不是疯了或被骗了，事情发生那晚我也没有服用过药物。然而，和来自各行各业、证明自己有过灵魂出窍体验的其他人一样，我确信自己经历了异常的事情——而且，从某种意义上说，的确如此。

2014 年年初，渥太华大学研究人员和一位志愿者进行了一项研究，这位志愿者声称自己具有随意体验灵魂出窍的能力（在这个报告中，称为体外经历，或 ECE）。他们的研究报告登载在《人类神经科学前沿》（*Frontiers in Human Neuroscience*），报告表明，当这名 24 岁女性处于睡眠状态时，她的视觉皮质关闭了。没有视觉皮质发挥作用，她的大脑中以奇怪的速度产生了动觉意象（后文讨论），在这段时间内，她感觉能够"看见自己的身体在摇摆，头脚颠倒，就像在海浪中摆动一样"。她还有另外一种体外经历，"作为参与者，她感受强烈而且投入，看见她在自己身体上面绕着水平轴旋转"。

眼盲心亮

根据《心理学词典》（*Psychology Dictionary*）的释义，动觉意象是“运动感觉的感知再造”。如果视觉皮层关闭（就像上述研究中的女性）或受损，显然，结果会是失明，同时感知能力异乎寻常地得到提高。这种现象有时被称为“盲视”，是指那些失去传统意义上的视力，却具有视觉引导的人。也许这就是灵魂出窍体验的真正原因。

众所周知，盲视的确存在，如果我们认为，这就是那位叫作“夜魔侠”（Daredevil）的盲人律师超级英雄般的滑稽举动和有趣故事，那我们就偏离主题了。夜魔侠因为童年一次意外而失明，但他的其他感官都变得更加敏锐。所以，还是让我们来看看发生的一件真事吧。美国西北大学心理学教授肯·帕勒（Ken Paller）博士曾发表过大量关于意识的文章，他认为，对于视觉皮质受损的人来说，“仍能通过大脑结构，如丘脑和上丘，投射接收视觉输入，这些网络结构能够调解一些无意识储存的视觉能力”。

因此，在因创伤性脑损伤导致视觉区缺陷的人群中，盲视很普遍。他们能识别呈现在盲区的物体，却没有意识到自己在观察。但如果我们更进一步呢？那些有视觉缺陷的人在看不到和无法预见有障碍的情况下，如何能绕过障碍前行呢？

一位被医学界称为“病人 TN”的人完成了这样的壮举。TN 失去了主要视觉皮质，这是大脑内处理视觉信息，形成有意识视力的区域。他所受的损伤非常严重，大脑左右半球中的主要视觉皮质都失去功能，这种情况被称为皮质盲。TN 的视力测试完全空白；他无法探测到在他非常健康的眼睛前移动的大型物体。研究人员让他在不依赖他惯用的白色手杖的情况下走一段直路，想知道他有什么反应。TN很不情愿，但他们最终说服了他试试。毕竟，这有什么难的呢？TN不知道走廊上散放着实验设备。他低着头，松弛地握着双手，缓慢而又灵巧地在相机三脚架和箱子之间移动，然后灵活地避过一些随意设置的小物体。尽管他看不见东西，但能完美地绕过各种障碍。根据这种盲视现象，研究人员指出，视觉的某些方面是独立工作的，而且这一视觉和意识截然不同。换句话说，看到和知道可以是完全不同的机能。

在前几章，我们探讨了思维如何提供见解和线索，帮助我们在无法理解感官的感受时解开这个世界的秘密。如果我们的假设是非理性和/或不科学的，我们就处于低认知商一端；如果我们提出质疑和寻求答案，同时宽容和承认我们“根本不知道”时，我们的认知商就比较高。盲目地接受未知事物常常导致荒谬的想法，但如果认知商很高，就能立刻意识到这一点。

第 5 章

谈谈体能：

认知商和体育运动

有人能在2小时20分钟内完成纽约马拉松比赛，有人能把棒球击打至围栏外500英尺处，还有一些能以每小时85英里的速度滑下斜坡，他们常常让我们为之惊叹不已。无论是个人赛、团体赛还是奥运会比赛，一名职业运动员要想成为某个运动项目冠军，仅有良好的基因、健壮的体魄、手眼协调和几个小时的高强度体力练习是远远不够的。这些条件和其他难以衡量的因素，如毅力和决心，都在起作用，但要像迈克尔·菲尔普斯或塞雷娜·威廉姆斯那样取得成功，还需要其他一些因素——我并不是在说合成类固醇。

一旦冠军达到了顶峰，他们就变得镇定自若，不可阻挡，难以超越，总能满怀信心地获胜——但是，他们到底是怎么做到这一点的？他们每天都吃惠帝斯（Wheaties）谷片？狼吞虎咽地吃生鸡蛋吗？还是他们有“幸运”的把戏，就像迈克尔·乔丹在穿上公牛队战服前先穿上他的北卡蓝色球鞋一样？

不管这些运动员是否意识到这一点，他们的认知商一直在发挥作用——尽管随环境和个人情况不同而形式不同。在这一章，我将揭示为什么那些进行体育活动和体育锻炼的人具备高认知商非常重要，从而实现信念跃升并相信所有的痛苦和努力都是值得的。我们还将揭示为什么认知商会导致一些超级明星运动员和球队失败，而另一些人或团队则会飙升至运动水平顶峰，并再次直线下降到谷底。最后，我们还会谈谈那些狂热的体育迷，他们的情绪、信仰、行为和文身都受到他们所关注的球队日复一日、年复一年的成绩影响，他们由于认知商较低，通常生活在幻想之中。

激活大脑

几十年来，我们一直被告知运动对身体有好处，它能控制体重，保持心血管健康，增强肌肉力量，提高灵活性、耐力、性能力以及有助于长寿。同样重要的是，体育活动与大脑产生互动并以显性和隐性的方式让大脑保持兴奋。大量研究证明，运动可以减轻压力，改善情绪，甚至减少消极思想和抑郁心情的影响。科学家认为，运动的深远效用还包括增强自尊和减少疼痛感。在健身房锻炼一两天后，当你再拿出雅维（Advil）镇痛药，摩擦你疼痛的手臂和腿部时，你就能发现所有这些积极的好处！

大脑如何获得这些益处不再是个谜。在运动过程中，身体会释放出一种叫作内啡肽的化学物质，这种物质传递给大脑受体，刺激其产生活动，使人感到兴高采烈或“快感”。事实上，内啡肽就像吗啡一样对大脑和脊柱有一定的镇痛作用。

说了这么多，我想，如果你在沙发垫上不愿意挪窝，那么仅凭科学的力量可能还不足以激励你开始进行锻炼。现实情况是，许多人厌恶运动，尽管都知道它有益无害。相反，如果一段时间没有锻炼，一些坏处就会显现出来：我们会变得自满和懒惰，感觉昏昏欲睡，肌肉萎缩无力，不愿穿运动短裤。我们脑海里会预先想象体育锻炼的场面，各种痛苦和不必要的费力景象：花时间去健身房，沉闷的热身运动，心焦地等待合适的健身机械，许久不动的关节噼啪作响，肌肉乳酸燃烧感，筋疲力尽地大口喘气，满头大汗。很久没有伸伸胳臂动动腿了，我们感到各种“不情愿”，编造各种不愿或不该去健身房的借口：“踢橄榄球带来的旧伤会复发”，“我不能及时赶回去看《相约菲尔医生》节目了”，“外面太冷了”等。最终我们躺在沙发上，一手拿着遥控器，另一只手拿着果冻甜甜圈。我们的内啡肽难以活跃起来，我们感觉比以前还要困倦并且因为没有去健身房而感到内疚。我们盘算着：“明天，我要加倍锻炼。”

如果你是一位长期拖拉的人，你 1 月办的健身会员卡在 2 月 1 日之后从未再使用过，那么在意识深处你会认为，日历上的“明天”、“后天”或“大后天”也没有去健身房的计划。为什么？因为你脑中全是关于运动的消极想法，它们降低了你的认知商，导致你把失实的想法当作事实。

另一方面，如果你每周锻炼一次，增肌健身两次，坚持五六次之后，你会有不同的感受。你不会只想象在跑步机上胸部剧烈起伏的情景，而是开始思考其他一些事情：你减掉了多少体重，你的体形在全身镜里看起来更健康，某件新衣服或新西装正适合你苗条的身材。一些人会因为习惯于运动健身而把去健身房变为一种冲动。为什么呢？因为健身过程中和健身之后，我们会因为锻炼而获得舒畅感和成就感。

现在，想象一下，你是一名专业或优秀运动员，每天都要进行几个小时的艰苦锻炼和训练。并不是因为前面所讲的各种好处才促使你更努力、更迅速、更持久，而是你的生活、声誉、家庭、遗产、支持者、不懈的毕生追求，以及以前胜利或失败的考验和磨难成为你的动力。重复性锻炼——以及指导和教练的严格要求——造就了运动员的身心，他们知道严格的日常锻炼意味着什么，他们非常明白最终结果将会如何。在这方面，认知商就是一幅路线图，引导运动员不断前行并有意或无意地提醒他们为什么必须每天加倍训练。

对于专业运动员、运动员精英和运动成瘾者来说，持续不断的体育锻炼对大脑有额外的作用：它能够改善白质活动。大家可能听说过灰质——就像“旧的灰细胞和过去不一样”，它是我们处理信息和控制感官的地方。大家几乎没有听说的白质大约占大脑成分的60%，它是灰质的结缔组织或交流系统。现代科学认为，如果我们身体锻炼程度不够，脑白质就会退化，随着时间的推移，我们的记忆力就会衰退，处理视觉和听觉信息的能力就会受损。一旦这些功能受到影响，我们的意志力就会被严重削弱，进而阻碍认知商；我们难以记清细节，固执地坚持旧观念。我们是否经常看到一对上了年纪的老夫妻为一段琐碎的模糊记忆而拌嘴，比如弗恩姨妈那只死去很久的猫是叫山姆还是马克斯？

然而，通过长期体育锻炼，白质区域增厚，这意味着记忆力提高，思维更敏锐，患老年痴呆和阿尔茨海默病的风险降低。最新研究显示，对于经常锻炼身体的 70 多岁的老人来说，他们的脑白质比不爱活动的人更高——如果后者年轻更是如此。对那些长期坚持锻炼的人来说，他们的认知商没有上限；因为他们的脑白质和结缔组织在感知现实并区分现实和虚幻的时候会更准确，更专注。不管是陈年旧事还是现场目击事件，这些人能非常精准地形成思维图像并描述事件。他们还很可能精确无误地表达经历这些事情时的情绪体验。就凭这一点，就值得我们战胜肌肉抽筋和累得气喘吁吁的恐惧而迅速奔向健身房，难道不是吗？

体育运动归根结底是自信和认知

体育运动中的高认知商归根结底是如何认识自己。你对自己在运动场上的表现感到轻松自在和信心十足吗？还是内心声音告诉你：“哦，不，上次那个投球手 4 次让我击球未中而退场——我知道，他还会让我丢脸。”如果这样的话，在你抓球拍之前已经被打败了。

在一次实验中，要求 23 名志愿者从十码线处踢球射门。热身之后，他们要通过调整一个手持式、用 PVC 管做的球门缩微模型来判断球门的高度和宽度，然后每人射门 10 次。最后一次射门后，参试者立即重复认知评估。

结果令人瞠目。在射门前，两组受试者对球门大小的看法相同（巧合的是，都不准确）。射门10次后，球技欠佳的人——进球两次或更少的人——认为球门比他们之前所预想的要窄10%左右，并且认为球门横梁过高。而成绩好的人——进球3次或更多的人——认为球门比原来预想的要宽10%左右。换句话说，射门成绩好坏会影响对事物的认知，决定了人们的认知商。

在另一项研究中，一些知名女性赛艇运动员在一台名为测功计的划艇机上进行了测试。研究人员告诉其中一组，她们的速度比实际比赛中要快，但告诉另一组，她们的速度比以前要慢。结果很有意思：前一组逐渐放慢了速度，因为她们认为无法保持这个高速，而第二组则恰恰相反，她们加速追赶。由于这两组运动员对错误信息的认知，直接影响了她们的表现。

当我们认为自己表现糟糕或者需要一些正当理由时，我们的思维就会帮助我们摆脱困境。如果一名球员错失了一个很容易的加分球，他可能会借口称这是大风所致——并且相信确有其事。但是编造这种理由还有谋求改进的原因。如果某人认为球门比实际球门高或比实际低，他会纠正这个错误以便下次能准确射门。

假设我们心智健全，没有持续性神经损伤，那么我们对世界的认知是稳定的。力量水平、自信心、担心、欲望和任何可变因素都会刺激我们对周围物体的认知。然而，运动员在下意识中所做的很多事情都会影响他们的思维，帮助他们取得更好的成绩。

自我可视化想象

在当今体育界，可能所有专业运动员都为了取得更好的成绩而尝试过某种自我可视化想象。这表面上听起来有点自欺欺人，但在各项体育运动中，自我可视化想象一直是许多运动员成功的秘诀。用外行的话来说，自我可视化想象是创造精神图像的技术，它能把内心深处的想法、希望和目标转化成现实。不仅仅是运动员，任何人想开创新事业——从员工竞争公司内的晋升到演员谋求心仪的角色，都要利用自我可视化想象。

自我可视化想象并不是一厢情愿的想法或梦想（“凡事预则立”），而是提高注意力、记忆力和理解力的一种方法。比如，在棒球比赛中，击球是一项重复性技能，需要正确的击球姿势、平滑流畅的挥拍、闪电般的腕部速度以及高超的手眼协调等。如果你想象自己每次都能正确击球，无懈可击，你的大脑就会提取和存储这个自我可视化想象，在你信步走入击球位置时，自我可视化想象就会起作用。许多自我可视化想象练习包括想象最终结果，如球落在围栏外，球“嗖”的一声落网等。通过想象成功进行这些运动的画面，运动员还产生了处理这些电影画面并在需要时回放的幻想；因为大脑看到幻想的场面，并向身体信号发送完成指令，这就增强了信心，幻想变为现实。如果你头脑中一遍遍放映这些画面，获胜的欲望非常强烈，这种幻想怎么可能不变成现实呢？

就自我可视化想象这一话题，我曾有幸咨询过我的朋友、国际网球名人堂的帕姆·施莱弗。她承认，在她 20 世纪 80 年代的职业鼎盛时期，虽然自我可视化想象并不是什么标准做法，她确实“在比赛中想象自己比以前进行过更多的网球训练”。施莱弗很清楚，她的优势和她的获胜都取决于发球质量。“发球是我最重要的得分项，如果发球失误，我会比任何人更难以获胜。”她这样说道，“有些（网球运动员）可能会想象各种打球技术，但我会想象发球和击球位置以及球反弹位置……我对发球非常有信心，在这上面我能得 15 分。”

进入出神入化之境

我们已经知道，长期艰苦训练能激发大脑白质，自我可视化想象能使我们记住赢得比赛的场面，但一名运动员要想从优秀运动员成长为伟大运动员，直至成为传奇，还有另一个关键因素：进入“化境”。这样运动员才能名利双收。男女运动员对此津津乐道，好像这是一个可以到达的、真实存在的地方，一个只有真正的专业选手和精英运动员才有权入驻的体育乌托邦。当运动员提到“进入状态”时，他们是说一切都轻松自然；就好像他们的壮举都是命中注定的。在运动场上，击球手的球拍似乎变轻了，球也似乎变大了，并以慢动作向他滚来——就像电影《天生好手》（*The Nautural*，根据伯纳德·马拉默德的小说改编）中最精彩的一幕。这并不仅限于职业棒球大联盟球员：在曲棍球比赛中，球网似乎更宽；在篮球比赛中，篮筐显得更低；滑雪时，好像在云中漫步。最让我们对运动员们着迷的是当他们进入这个状态时，那种感觉就好像我们在观看诗意的动作，在那一时刻，他们锐不可当，无人能敌。对于这些运动员来说，这个状态带着光环，仿佛是命中注定的。这一状态只是一种想象，还是有一条实现它的清晰路径？如果把谷歌地图下载到我们大脑中，就能进入这个光辉地域吗？

在职业运动历史中，进入这个黄金地带的运动员里面，也许没有人能与 NBA（美国男子篮球职业联赛）退役球星迈克尔 · 乔丹比肩。他所获得的荣誉至少部分归功于运动心理学家和冥想权威乔治 · 芒福德（George Mumford），他是《运动员正念减压》（*The Mindful Athlete*）一书的作者。虽然芒福德的 NBA 球星训练法中涉及自我可视化想象——比如在投篮前想象篮筐，预测球落筐之前会发生什么，但他将此理念更推进一步，利用他从乔恩 · 卡巴金①那里学到的各种冥想技巧，指导运动员如何获得“球感”。这不是一项容易磨炼形成的技能；它和学习运球或投篮不一样。这需要大量时间、耐心和反复冥想，运动员不仅要高度敏锐、集中精力，还要自觉忘却所有杂念。这听起来有悖常理和异乎寻常的荒谬。NBA 或 WNBA 为什么要在比赛中摒弃其意识思维？难道其他团队远远比他们或她们强大吗？

然而，只要能够抛弃脑中杂念，运动员就能直接利用下意识。这意味着不受喧闹噪音的干扰——如在家里和配偶争吵、当晚去一家高级餐厅吃牛排、记者在前一天报纸上尖锐的评论、来自观众震耳欲聋的嘲笑声——从而将冥想阶段形成的图像联系起来。

---

① 乔恩 · 卡巴金（Jon Kabat-Zinn，1944 年出生）：美国马萨诸塞州州立大学医学院荣誉医学博士、马萨诸塞州医学院名誉退休医学教授。1979 年，卡巴金为麻省大学医学院开设减压诊所，并设计了“正念减压”课程，这使其成为“正念减压疗法”创始人。——译者注

对于迈克尔·乔丹来说，“进入比赛状态”意味着能够随意深入直觉深处，并清楚知道在零点几秒之内应做什么动作。对像乔丹这样认知商高得“爆表”（创造幻想图景并把它在现实中实现）、具备无与伦比的直觉和巨大的竞争动力的人来说，没有必要进行有意识的思考。他能轻松提取头脑中储存的图景，并在关键时刻运用它们。因为他将意识思维抛在脑后，下意识占据主动，并在他的神经系统和肌肉之间形成顺畅联系，整个过程畅通无阻。通过这种方式，乔丹能够在心血来潮之际在空中飞跃，掠过对手头顶，有如神助。

当代许多运动员都有自己的办法利用认知商去实现他们追求的现实。花式台球选手威廉·德约克（De Yonker）是一名自闭症患者，当他在锦标赛和各类大赛中尝试复杂的特技球时，他就会展现出三维视力天赋，在脑中设计出三维图像。著名的巨浪冲浪高手莱尔德·汉密尔顿（Laird Hamilton）曾在 70 英尺海浪上冲浪，他也对进入这种出神入化的境界深有体会。获得多枚奥运金牌的凯莉·沃什·詹宁斯（Kerri Walsh Jennings）是沙滩排球锦标赛夺冠最多的选手，他也经常进行冥想和大脑训练。史蒂文·霍尔科姆，这位美国历史上最著名的雪车车手，能看到自己驾驶着雪车转过所有赛道拐弯。圣路易红雀棒球队的汤米范（Tommy Pham）是我的一位病人，患有圆锥角膜症，当他在击球等候区时，能专注地看到球从投球手手中抛出，并在视觉上跟踪至击球手。这一切都证明，虽然到达最佳状态要付出艰辛的努力，但如果能够通过深处思维想象成功来激励自己，伟大的体育明星就有可能达到登峰造极的水平。

一些运动员还会使用这些技战术打乱对手竞技状态的连贯性。帕姆·施莱弗承认，和所有网球运动员一样，她也经历过“不在状态”的时期，在球场上和她对打的女球手眼里，她不堪一击。“可能是感到身体不适或只是感觉不好，”她说，“当几乎无力招架的时候，可以叫暂停，坐在椅子上休息，打乱其他球员的节奏。”换句话说，如果你面对的是一名看似不可战胜的对手，那么你就得想办法关闭在其头脑中的景象。通过打乱对手的专注力，使她身心失去平衡，让她回到完全意识之中，对手就有可能分散注意力并心怀疑虑。如果专业运动员在职业生涯巅峰阶段被打败，其认知商会降低，只有真正的冠军选手才能运用自己的聪明才智和进入状态的训练，凭借勇气、专注和力量来成功反击。

进入这种出神入化的境界不仅仅限于职业和精英运动员——甚至是体育界，我们都曾在某种程度上有过这种状态。在做眼部手术时，我会非常专注，甚至不会注意到身旁是否有电视新闻摄像机或旁观者，就好像这些人和物根本不存在一样。我的高认知商把所有东西都遮蔽掉了，我只专注于显微镜目镜里面的东西。你有没有过全神贯注地读一本书，以至没有听到别人叫你名字的经历？每个人都能进入这个出神入化之境，常常练习自由进入这个境界并保持这种状态，这将提升你的认知商。

团队合作和取胜要诀在于解读认知商

人们常说，一些夫妻互相懂得对方的想法，并在对方真正说出或做出之前就能猜到对方的心思，预测其会说什么或做什么；这种事情也经常发生在我和我妻子身上。对这个问题，施莱弗更是深有感触。虽然她是一位网球名将，但她的才能在双打项目上得到完美体现。她惊人地赢得了112次职业双打冠军，其中79次夺冠都是和伟大的网球运动员玛蒂纳·纳芙拉蒂诺娃（Martina Navratilova）合作取得的。因此，我们可以认为，施莱弗的成功应完全归功于当时最出色的网球运动员玛蒂纳，但如何解释施莱弗和其他双打搭档合作取得的其他33场胜利呢？如果这位最有成就的网球运动员认为某位搭档不合格（事实确实如此），还会选择她做搭档吗？

要组成一个强大的球队，显然需要选择合适的球员和严格的教练。之后，每名队员都要按照规定，为赢得比赛而进行艰辛的力量训练、演练和练习。教练们往往强调“团队合作”和“良好沟通”的重要性，但有些赛场上的事情却是他们无法控制的：协同、节奏、保持联系。施莱弗这样回忆她和纳芙拉蒂诺娃在球场上的无间合作：“我们都凭直觉在打球。很少出现理解偏差的情形。如果我想到一个高球，我知道她一定能接住它。我们知道另一个人会怎么打球。我们能互相读懂想法。”

施莱弗对队友想法的读解和反应表现出来的自信程度让人吃惊。这不仅仅是对能力的信任或才智的匹配。我相信施莱弗和纳芙拉蒂诺娃与所有伟大的双打组合以及运动团队一样，都有深刻准确地了解彼此想法的能力。施莱弗所说的——直觉和互相读懂想法——其实是想象她的队友会如何应对各种情况。在八年半的双打比赛中，施莱弗在脑海中存储了很多影像片段，并且能够在比赛中关键的零点几秒时将它们复现，正如迈克尔·乔丹在空中飞跃直接奔向球篮一样。

有史以来最伟大的运动队——从 1927 赛季的纽约扬基队到 1976—1977 赛季的蒙特利尔加拿大人队，到 1998 赛季的芝加哥公牛队——都有非常难得的体能素质、领导能力、耐久毅力和团队精神。每个球队的成员都能在技能和个性上互补（想想扬基队的贝比·鲁斯和卢·格里格这对黄金搭档就明白了）。在认知商方面，所有这些球队都有罕见的超强信心——正如纳芙拉蒂诺娃和施莱弗一样，整个团队都认为他们将无往不胜。事实上，1927 赛季扬基队的胜利早在意料之中，而且完全能预见到——该队在 154 场比赛中赢得了 110 场，比第二强队费城运动家队多赢 19 场。据说，在首场比赛前一天，扬基队在世界职业棒球大赛的对手匹兹堡海盗队观看扬基队击球练习后就完全被吓蒙了。（扬基队后来继续横扫对手。）

这种对成功的共同信念不仅仅是才能或自负的问题，尽管这些都是重要因素。康涅狄格大学女子篮球队（UConn）到目前为止已经赢得 11 次全国大学体育协会（NCAA）联赛分区赛冠军，[①] 也不缺乏才能和自负，但通过大批天才球员的努力，在常年比赛中一次次夺冠。当然，这支球队非常善于吸纳最优秀的人才，但教练杰诺·奥利埃马（GenoAuriemma）懂得如何掌控所有人的个性，让他们充分发挥才能。他的期望正是不断获胜的心态："不管是否公平，只是取

① 在 2017 年 2 月 14 日的比赛中，康涅狄格大学女子篮球队获得 100 场比赛的连胜。

胜还不够好。我们认为，如果不能进入半决赛，这会是个失败的赛季。”如今，这个球队过于强大，甚至一些记者指责华盛顿大学哈士奇队“没有必要参赛”。马萨诸塞州斯普林菲尔德的《共和党人报》（*Republican*）甚至拒绝刊登比赛得分表，因为用记者罗恩·驰梅里斯（Ron Chimelis）的话说，“这就像是在印制一场毫无争议的选举的最终投票”。

失败不失志：逆境中共同的认知商

一个常胜球队怀有必胜信念，反之，对于由不幸的运动员组成的球队来讲，失败的想法深植于球队的思维定式中，四处蔓延，好像运动员怎么做都于事无补。例如，我们许多人都记得电影《少棒闯天下》[1]中可爱的失败者那种滑稽丑态。多年来，NBA 篮球赛费城 76 人队是个现实中的例子。

1962 年时的纽约大都会棒球队是个真实的例子，当时，这个球队内部弥漫着一股一蹶不振的情绪。他们的成绩实在太差了，不仅仅是一个赛季里 120 场比赛失利那么糟糕。令人遗憾的是，他们的失误竟然达到 210 次，球队击球率为

① 《少棒闯天下》(*The Bad News Bears*)：又名《大教头与小鬼头》，美国喜剧电影。迈克尔·里奇导演，比尔·兰卡斯特编剧，1976 年上映，以青少年棒球运动为题材。——译者注

0.240，2 人在 20 局比赛中成为败战投手（第三个败战投手是杰·胡克，他在 19 局比赛中失手！）。洛杉矶道奇队投手桑迪·考费克斯（Sandy Koufax）向他们首次投出了无安打好球，碰巧的是，他们被打成三杀球而输掉了本赛季最后一局比赛，将在第八局逆转的可能性化为乌有。汤姆·西弗这位“特约”投手[①]和吉尔·哈吉斯（Gil Hodges）耗费 7 年的管理提升才得以扭转球队思维定式，营造了一个职业氛围，并迎来 1969 年的“奇迹大都会”棒球队。

堕落的明星

有时，一名男运动员的成就和影响越大，有关他的新闻报道就越肮脏。下面这个名单没有特别的顺序，上面是各个运动领域的全明星才俊，他们由于令人难以置信的各种指控而失去明星光环：谋杀（O.J. 辛普森）、赌博（彼得·罗斯）、使用类固醇（马克·麦奎尔）、兴奋剂（兰斯·阿姆斯特朗）、吸食毒品（拉马尔·奥多姆）、强奸（迈克·泰森）、婚姻不忠和滥交（泰格·伍兹）、性侵（科比·布莱恩特和劳伦斯·泰勒）、斗狗虐犬（迈克尔·维克）等。为什么这么多声名显赫的运动员很难做到安守本分，遵纪守法？

① 汤姆·西弗（Tom Seaver，1944 年出生）：即乔治·托马斯·西弗，绰号“汤姆棒”和“特约”，美国职业棒球大联盟退役投手。从 1967 年到 1986 年，他先后效力于四支球队，但他的主要成就在于参加纽约大都会棒球队的比赛，特别是为该球队在 1969 年世界职业棒球大赛夺冠发挥了重要作用。——译者注

男性运动员都有自己特定的世界观。尽管有以偏概全之嫌，但我还是认为，他们是在俱乐部和高中教练、家长和球迷的不断激励中成长起来的，这些人都激发了他们的攻击性。多年来，他们的思维一直展示给他们获胜的景象、完美和优越的自我形象，这侵蚀着他们生活的其他方面。在比赛中获胜时的高认知商导致了他们在现实生活中的低认知商；换句话说，一些运动员总是心存幻想，他们不受社会习俗制约，他们认为自己可以为所欲为。

也许没有哪位运动员能像名人堂中的橄榄球运动员乔·纳马斯（Joe Namath）那样给他的球队带来生机和活力。这位英俊的四分卫曾骄傲地预言，纽约喷气机队将在1969—1970赛季超级碗冠军赛中战胜实力强大的印第安纳波利斯小马队，并承诺将使小马队遭受体育史上少有的大挫败。然而，虽然纳马斯是一代人的偶像并在巅峰时期成为性感符号，但他的认知商既让他具有四分卫天赋，又让他的成功毁于一旦——主要是女人和美酒。被称为“百老汇乔”的纳马斯风度翩翩而又嗜酒如命，被记者拍到他对记者苏西·科伯尔（Suzy Kolber）举止不端，这一事件体育迷都不会忘记。

对于纳马斯和其他所有看似无所不能的超级明星来说，都是在光芒四射时突然堕落。对一些男性运动员来说，金钱、美酒、女人和毒品太过诱人，他们原始粗俗的情趣和他们的低认知商、高睾酮素纠结缠绕在一起。这些运动员认为，他们在体育比赛中不可战胜，却未能把使他们成绩优异的本能和他们私生活中的行为区分开。他们自恃不可战胜，这恰恰摧毁了他们运动天赋之外的认知商，让他们做出错误决定，造成严重后果。认知商得之容易，失之亦容易。

多年来，一些运动员能够自我反省，挽回影响——至少一些球迷这样认为。马克·麦奎尔承认服用过提高成绩的兴奋剂，后来被准许担任圣路易红雀队临场教练，重返职业棒球大联盟。迈克·泰森在电影作品［《宿醉》（*The Hangover*）］中的表现广受好评，并且至少在表面上成为对家庭负责的男人。因虐待动物罪服刑期满后，迈克尔·维克还清债务并重回美国国家橄榄球联盟（NFL）。现在，他通过美国摄影学会（PSA）为那些被虐待的可爱狗狗们募款。（不，他还没有赎罪——我反对。我是一个虔诚的爱狗人士。）

对于其他人——比如彼得·罗斯和他对列入棒球名人堂的不懈追求——宽恕和补救不应归结于别人的过错，而应完全从自己身上寻找原因。如果体育运动的严肃性受到威胁，队友受到影响，后果会更加严重和持久。阿姆斯特朗史无前例地 7 次赢得环法自行车赛冠军，这是否能使其重新回到原来的地位，这十分令人怀疑。不仅仅是自行车运动界认为阿姆斯特朗因为使用兴奋剂而背叛、破坏和玷污了这项运动，而且他还胁迫队友服用禁药。在这种情况下，他们共同的获胜认知商过于疯狂和扭曲，队友们觉得自己必须听从阿姆斯特朗——他们中很多人因为具有同样的想法而付出了惨重代价。

狂热的体育迷：交织在 DNA 和运动衫中

我们在体育馆甚至在家里都看到过球迷在胸部画各种图案，染头发，文身，以此向世人传达他们对球队和运动员的真心热爱和执着。

和他们为之欢呼和嘲笑的运动员们一样，体育迷们都清楚地记得，童年时期他们和兄弟姐妹、父母和祖父母一起在看台上穿着队服观看比赛的场景。喜剧演员杰瑞·宋飞[①]开玩笑说，我们是为“球衣喝彩”而不是为职业球队或运动员喝彩，因为球队在城市间不断变换，而我们仍然始终是新晋球员和球队的支持者。纽约扬基队和波士顿红袜队的球迷——以及绿湾包装工队、匹兹堡海盗队和奥克兰运动家队的狂热球迷——都不会同意这个说法，他们认为，球队精神和球服颜色已经成功深入他们内心。这种为球队奉献的精神绝不仅仅存在于美国体育界，英国英格兰的曼彻斯特和利物浦的足球（美式橄榄球）球迷在各自发表对其支持的球队的琐碎蔑视言论后，爆发了一场激烈的酒吧斗殴事件，这似乎比侮辱他们的父母更让他们敏感和愤怒。当蒙特利尔加拿大人队的铁杆球迷庆祝重大胜利而发展成为一场骚乱时，你必定会躲得远远的。在这些情况下，球迷的认知与他们的情绪紧密相关，他们被扭曲的认知商会导致严重后果。别忘了，球迷（fan）是狂热（fanatic）的缩写形式。

如果你是纽约扬基队的球迷，你会被扬基队细条纹队服、冠军戒指和带有传奇色彩的名人堂中的运动员吸引：想想贝比·鲁斯、卢·格里格、米奇·曼托、优吉·贝拉、雷吉·杰克森。后来进入名人堂的队员还有德瑞·杰特和马里亚诺·里维拉。扬基队很清楚这个传统，

---

① 杰瑞·宋飞（Jerry Seinfeld，1954 年出生）：美国著名单人脱口秀喜剧演员、作家、演员、电视/电影制片人，以其情景喜剧《宋飞正传》而在美国家喻户晓。该剧是一部半虚构美剧，由他本人与拉瑞·大卫共同创作并在最后两季联合制作。——译者注

这在他们球迷的头脑中根深蒂固，并且很自然地在广告、商品推介和布朗克斯体育场座席票价上都有所体现。

经历过看起来无限期“冠军荒”的球队——比如波士顿红袜队和芝加哥小熊队——总有众多球迷在球队最艰难的时候仍然为该球队感到骄傲。但多年来，这些粉丝一直对一些场景心存怨愤，例如球员腿间漏球、球迷干扰比赛，从而断送了在后场比赛中反败为胜的机会。在红袜队和小熊队获得期待已久的比赛结果之前，球迷们遭受的痛苦难以置信并且令人叹息；这个时期，他们的认知商深受影响，他们感到非常痛心，这种情绪多年来一直影响他们的人际关系和职业生涯。

在很多情况下，支持常败球队会伤害自尊，甚至导致抑郁。86 年来，波士顿红袜队的球迷们吃尽苦头，直到 2004 年红袜队在美国联盟冠军赛中奇迹般地击败宿敌扬基队，最终打破“鲁斯魔咒”①，并在世界职业棒球大赛中横扫红雀队。可以说，波士顿红袜队的球迷们重新找回了自我，而不再总是难逃失败厄运；他们能夸耀自己的球队在最近三次世界大赛中屡屡夺冠，他们不再有“我总是那么背运”的想法。目前，波士顿的抗抑郁药销售可能处于历史最低水平（尤其是考虑到新英格兰爱国者队不断取得骄人战绩）!

① “鲁斯魔咒”（Curse of the Bambino）：又称“圣婴诅咒”，指美国职棒球员贝比 · 鲁斯于 1918 年被红袜队老板哈里 · 弗拉茨卖给死对头纽约扬基队。鲁斯为红袜队夺冠立下过汗马功劳，绰号“圣婴”，是波士顿备受爱戴的城市英雄，他被卖走引起巨大震荡。鲁斯临走之前对那些不知内情的球迷愤怒地说：“我从没想到要离开波士顿……如果我要承担叛徒的名声，那么红袜就要以永远夺不了冠军而作为代价。”这就是美国体育史上最著名的“鲁斯魔咒”。红袜队自此之后再也没有拿到世界大赛冠军，一直到 2004 年才打破这一魔咒。——译者注

当然，也有因为球迷过于关心球队和在意输赢而造成的极端行为。球队获胜（或惨败）之后，球迷掀翻车辆，这是他们最危险的疯狂举动。狂热粉丝的希望和梦想都取决于输赢，在他们内心深处不断发酵，直到突然爆发。小熊队球迷史蒂夫·巴特曼（Steve Bartman）就因为在瑞格利球场举行的2003年季后赛中干扰了一个接球而遭到死亡威胁。

球迷认知商偏差和情绪失控所导致的最悲惨一幕发生在1994年哥伦比亚一家酒吧。足球运动员安德列斯·埃斯科巴·萨达里加（Andrés Escobar Saldarriaga）至少身中6枪而亡。这名球员不小心踢了乌龙球，将球踢进自家球门而使球队输掉了“世界杯”比赛，他因此被杀。涉嫌枪杀的三名男子可能有卡特尔背景，他们的仇恨或许与赌球有关，但毫无疑问，狂热的球队和民族自豪感都是这次谋杀案的幕后推手。

如果你认为世界上数十亿球迷在看待他们的球队时认知商都过于扭曲，那好，在下文中你将会发现，许多人甚至会认为自己在餐盘中看到了一些离奇古怪的东西。

第 6 章

纯粹认知：

花 2.8 万美元买一份烤奶酪三明治？

你愿意花多少钱买一份烤奶酪三明治呢？ 6美元？ 7美元？可能最多8美元。

2015年，在纽约著名的“奇缘3”（Serendipity 3）餐厅，大批顾客竞相排队，不惜重金抢购一块打破吉尼斯世界纪录的烤奶酪三明治，这款三明治售价214美元（不含小费），面包里面加了法国唐培里侬香槟和可食用24K金片，并且用了很多白松露奶油。（目前，黄金奢华圣代在“奇缘”餐厅售价为1 000美元而且需要提前48小时预订……但这是另外一码事。）

在价格上，“奇缘”餐厅所售的这款烤奶酪三明治在那块被佛罗里达州的戴安娜·达瑟尔（Diana Duyser）咬掉一口的烤奶酪三明治面前未免相形见绌。2004年，达瑟尔将这块保存10年仍然完好的三明治以令人咋舌的2.8万美元高价拍卖售出。究竟是什么原因使得这块三明治竟然这么昂贵？

这不是一般的烤三明治，达瑟尔也不是一般的烘焙师。这位迈阿密居民声称，她在长柄平底煎锅上煎烤这份奶酪三明治时，看到了圣母玛利亚的形象。这听起来有些荒唐，但人们对装着这块如奉圣意的烤奶酪三明治的圣盘发出的喧闹声足以孕育一个震惊世界的新闻，激起那些财大气粗而又偶尔头脑发热的 eBay（亿贝）顾客的好奇心。达瑟尔声称，这么多年来，她的圣物从未生过霉菌，这是和特蕾莎修女肉桂面包卷（如今人所共知的“修女面包”）、基督奇多（也可称为“芝士板烧”）和“和平之君”饺子一样的圣食。

多年来，人们总是试图出售一些荒唐可笑的物品。2003 年，保罗·麦卡尼爵士的感冒病菌在拍卖会上被拍卖。一个歌迷故意长时间坐在患感冒的保罗爵士旁边，这样这位歌迷就能接触到保罗，他确实成功了，他把保罗咳嗽到袋子里的音乐灵感般的黏液在 eBay 上出售。一年后，足球运动员乔治·贝斯特（George Best）的肝脏在移植手术之后被出售（尽管有一些报告指出可能不是真的肝脏——但谁能证明有什么不同呢）。2005 年，布兰妮·斯皮尔斯（Britney Spears）在一家酒店房间内用过的验孕棒被以 5 000 美元的价格出售。可以想象晚餐聚会上有多少此类的八卦逸事。

这些“神圣遗存”并不包括达瑟尔的烤奶酪三明治中出现的形象，而是被天花乱坠地宣传为和一些当代名人有直接关联——坦率地说，这些关联非常恶俗。但是这个特别的圣母玛利亚烤奶酪三明治又有什么特别之处呢？为什么会引起轰动并以高价出售？所有这些人——卖家、竞标者、收藏家和买家——都是疯子吗？

就像我们前面所说的，认知商弥合了我们理解力的差别，帮助我们辨别头脑中的图像是否合情合理。我们根深蒂固的经验、背景、文化影响都参与其中，帮助我们判断痰液中是否真的携带前披头士乐队成员的感冒病菌以及它是物有所值，还是应该喷上消毒剂赶紧把它扔进焚化炉。

尽管并不是只有烤奶酪三明治上面显现宗教人物图像，但这似乎对信徒来说并没有什么不同。很多人都宁愿相信表面价值，事实上，不管它们看起来有多蹩脚，正是这种创造它们的强迫性内心需求成为它们存在的理由。如果能证明这些图像是真的（其实它们还没有被证明），那么这些见证人的认知商的确很高。但由于大多数证明都是假的，这是否意味着这些人的认知商很低？

大家对"纯粹认知"耳熟能详，它是对柏拉图知识理论的诨名。弗朗西斯·培根认为，它是"对客观事实的持续认真观察，按照其本来面目获得图像"的必要条件。认知商之所以如此吸引人，是因为在宗教背景下经常出现认知变化。你自然会问，我是否在暗示我们应该放弃无法理解的所有奇怪感觉？在这一章，我们将探索此事和其他问题——比如为什么有些人会看到根本不存在的东西。

无休止的幻想性视错觉

大众化的天主教图像往往在最黑暗的地方出现。在这本书的引言部分，我提到了爱尔兰拉斯基尔圣玛丽大教堂逸事，许多游客认为他们在一截粗糙的树桩上看到了圣母玛利亚的形象。仅在 21 世纪，全世界就报道过近400次此类现象。这些报道包括：

- 在一只售价10 600美元的椒盐卷饼上
- 在澳大利亚悉尼库吉郊区悬崖边上的栅栏柱上；后来，它被恰如其分地命名为“栅栏柱女士”，并成为J.H.克伦诗作中的主题
- 悬浮在宾夕法尼亚州迈纳斯维尔的一扇车库门上
- 康涅狄格州一扇浴室门上的一双眼睛，就像真人秀节目《潘尼和特勒：胡扯》（*Penn & Teller: Bullshit!*）的某个情节所展示（和嘲笑）的那样
- 在马萨诸塞州斯普林菲尔德的“慈善医疗中心”（Mercy Medical Center）的一扇窗户上逐渐消失

圣母玛利亚确实到处出现（在纯粹认知的情况下），她唯一的孩子耶稣同样出现在众多公共浮雕中，包括出现在一些浴室里低劣模型中（“耶稣淋浴器”）。他甚至出现在一只懵懂的3岁小猎犬的臀部，幸好它的主人非常明智，没有在eBay上拍卖它。

尽管这些神圣的幻影给虔诚的信徒带来了祝福——某些时候还给他们带来额外收益，但是从严肃的科学角度来说，这种现象应归因于幻想性视错觉[①]。幻想性视错觉是由于大脑将模糊或朦胧的刺激理解

① 幻想性视错觉（Pareidolia）：一种心理现象，主要表现为赋予模糊、随机的图像实际意义，如看到像动物的云朵、像地图的石头、像人脸的树干纹理等。简言之，幻想性视错觉是把一些没有生命的物体看成有生命的生物。——译者注

为熟悉、清晰、独特的事物，认知商被扭曲从而产生的错误认知。我们对所看到的事情产生错误认识是基于一系列因素，如童年成长经历、机缘巧合和我们神经处理过程中根深蒂固的怪癖。有时，这些图像交织在一起造成非同寻常但又令人信服的认知。

幻想性视错觉在很多领域都存在。有人认为，它解释了很多神秘现象，包括 UFO（不明飞行物）景象（尽管我相信这个现象是由第 3 章所说的黑暗清醒梦境引起的）；在倒放唱片声音中听到隐晦信息（如“保罗已死”骗局，指保罗·麦卡特尼在 20 世纪 60 年代中期去世，一个才能相似的人冒名顶替之事。在一些唱片封面和倒放某些披头士歌曲时可以找到一些“线索”）；猫王现身（例如在商场和加油站）；遭遇“尼斯湖水怪”（现在可能被解释为一条大鲶鱼）；宗教形象以鬼怪幽灵或轮廓的形式出现在不寻常的物体上。

幻想性视错觉绝不是精神错乱或宗教痴迷才有的表现形式。我们大多数人都有过幻想性视错觉经历——在云端、水洼、彩虹、冲洗失真的照片上，甚至在月亮表面看到过人脸。当然，这些都很怪异，但稍微想想，我们大多数人都会对它们不在意，认为这是科学现象或自然界巧合。我们想研究像烤奶酪三明治这样让我们深受触动的图像，因为我们的认知商误入歧途并让我们虔诚地认为，的确发生了超越我们对现实理解之外的事情，否则为什么会有成千上万的人相信三明治上的图像一定和神谕有关？

为什么是人脸？

让我们先来讨论一下，为什么幻想性视错觉总和人脸图像密切相关。我们每天都会接触大量刺激，不可避免地，一些刺激和我们熟悉的视觉模式有一定程度的相似之处。因为人脸能告诉我们很多信息，因此毫不奇怪我们的幻想性视错觉中经常会出现各种人面。从一张脸，我们会下意识地推断一个人的年龄、性别、种族和文化背景——尽管表面上看可能不准确和/或偶尔还会带有偏见。有时我们甚至能根据面色判断出一个人的出生地或最近去过哪里。例如，根据古铜色肌肤，我们的认知商会帮助我们判断某个女性来自南方某地，如佛罗里达，或在洛杉矶进行过日光浴。在我们首次见到一个人时，几乎在目光扫过他面容的瞬间，我们就能判断此人是友是敌。我们还通过主观臆断来判断一个人的魅力、性格、人品、情绪和其他品质。

我们对面孔的迷恋始于出生之际。新生儿视力模糊，只能看到8～12英寸内的物体。不仅如此，它们所看到的仅是黑白图像和灰色阴影。那么，当我们还是婴儿时，面对最多的是什么呢？当然是虽然有些扭曲得不成比例但又喜气洋洋的、溺爱我们的家人和朋友的脸庞。正是由于我们在生命之初的经历和生理机能的特点，人类非常依赖脸部识别，到了陌生地方，更是习惯于辨别人们的容貌，这并不奇怪。

宗教会扭曲认知吗？

既然如此多的天主教图像出现在各类物体上，人们会想，为什么犹太人——他们有丰富的圣经历史奇迹——在食物、车库和浴室门上往往很少发现圣像般的先知形象呢？至少应该有人称在逾越节汤团上出现过类似摩西的形象。结果是：耶稣形象——成千上万；摩西形象——零。为什么？

正如上面所讨论的，大脑会对我们在婴儿时就开始观察妈妈和爸爸的经历进行编程，但是有些人似乎比其他人更容易受影响。这不是一个积极或消极的问题，而仅仅是数量问题。强烈的宗教信仰或对灵异现象普遍相信会让人们接受特殊面孔，如圣母玛利亚或耶稣基督。这些形象从一开始就在天主教徒心中根深蒂固；每次他们步入教堂，目光所及之处全是绘画、雕塑、书籍和彩色玻璃上的圣经人物形象。从这些神圣人物的人形特征和身体姿势中，很容易辨认圣母玛利亚和耶稣的面孔——通常是陷入沉思，双手紧握状。对这些面孔的不同理解和赋予意义充分说明了虔诚宗教信徒的认知商。

接受、怀疑、信任、发现和想象——这些都是认知商的标志。然而，我们对真实的信念和我们所有的疑虑，在有新证据时可能会突然转变。例如，如果一个怀疑论者听到奶酪三明治上的面孔开始说话，他对这个现象真实性的认识可能会发生改变。但怀疑和批判性思维管理着我们的发现过程并挑战我们的想象力。它们使我们免受许多暗示和曲解的影响。如果我的确“发现”了什么，多年的科学训练会让我质疑经历的真实性，直到有更多确凿证据为止。

宗教对文明的最大贡献在于，它是人类赋予自然世界某种秩序的首次尝试并且提供了一套应遵守的规则。人类创立这些信仰体系时没有其他选择。今天，我们已不像前人那样混沌无知。我可以大言不惭地说，即便我的双胞胎女儿对世界自然秩序的理解也强过一些宗教的创始人。西方国家的大多数人不再认为邪灵会导致疾病、作奸犯科者会遭雷击或自然灾难是上天报应之类的鬼话。

直到现在，一些坚定的信徒仍然认为，圣母玛利亚是在通过烤奶酪三明治或椒盐脆饼显示其存在。我认为是宗教图像和教养使他们相信这些表象的真实性，他们迫切需要证明他们的信仰体系是合理的，他们始终需要借助宗教来认识世界秩序，否则会认为世界混乱无序或没有意义。对他们中的许多人来说，驳斥他们所认为的圣母玛利亚存在的观点会被认为是无礼和渎神，因为他们的错误认知商使其失去批判性思维。在科学能明确证明烤面包上的图像是圣母玛利亚之说完全是无稽之谈之前，谁能戳破他们的幻想泡沫？事实是，世界上所有的确凿证据都无法说服这些信徒。认知商所建立的信仰和意志力比中国的长城还要坚强。

《白日梦想家》全是幻觉吗？

低认知商可能会让我们相信，圣母玛利亚的面孔确实蚀刻在烤奶酪三明治上，而识别这些图像并能断定它是假的，这种能力意味着高认知商。一个鲜为人知但又常见的例子是查尔斯·邦纳综合征——其特征是完全或部分地失明，人们看到的生动、逼真的图像实际上并不存在——我在引言部分提到过。患有这种疾病的病人通常在视觉路径某处有所损伤——眼睛或大脑——使他们部分或完全失明。

对于那些查尔斯·邦纳综合征患者来说，世界充满生动但又虚假的图像，这些图像可能持续几秒钟或几小时，出现之后突然消失。它们可能是普通物品（瓶子或帽子）或是荒诞不经的图像（跳舞的孩子们的头是巨大花朵）。对一些清晰复杂图案、人物、面孔、建筑物、卡通形象、儿童和动物——通常极其具体——产生的幻觉一般非常混乱和恐怖。但这些患者并不是疯子，他们通常方向感很好，也很聪明。这些景象不会和人产生互动，这正是查尔斯·邦纳综合征和精神障碍（如精神分裂症）的区别之一，幻觉常常与主体发生作用。查尔斯·邦纳综合征患者的认知商一般较高，因为他们能认识到幻象是不真实的，而那些患有精神分裂症的人（并非他们的过错）缺乏这种洞察力，在这方面认知商较低并相信他们眼前的图景是真实的。

美国最伟大的幽默作家之一、经典短篇小说《白日梦想家》[①] 的作者詹姆斯·瑟伯（James Thurber）曾被怀疑患有查尔斯·邦纳综合征。在 6 岁时，瑟伯被他的哥哥不小心用箭射伤了一只眼睛，从此饱受痛苦。不久，他的另一只眼睛视力也开始变差。在他 40 岁的时候，瑟伯眼前的世界变得模糊不清。他所看到的并不是阴暗而沉闷的画面，他感到周围环境变形成为一个超现实的幻觉世界。普通物体和切身感受都发生了夸张的变形。他记得曾把一名女子的钱包误以为

① 《白日梦想家》（*Walter Mitty's Secret Life*）：本·斯蒂勒执导的奇幻剧情片，于 2013 年在美国上映。讲述了本·斯蒂勒所饰演的男主角穿行在现实和自己的白日梦里，最终踏上一场真正的人生大冒险并与女主角克里斯汀·韦格展开一场浪漫奇缘。——译者注

是一只火鸡，吓得该女子匆匆下车。挡风玻璃上的污垢变形为穿制服的士兵和苹果形状的残疾女性。有一次，在他的眼镜被打碎后，瑟伯写道："我看到一面古巴国旗在国家银行上空飘扬，我看到一位穿着亮丽的老太太打着一把绚丽的遮阳伞从卡车的一侧穿过，我看到一只猫在一只细纹木桶中横滚过马路。我看到桥梁像气球一样慢慢升到空中。"

查尔斯·邦纳综合征是一种对视觉缺失的复杂补偿反应。瑟伯的幻觉可以理解为奇思妙想，这是由视力和大脑交流不畅引起的。和幻想性视错觉一样，这些幻觉都是眼睛和大脑复杂关系所引起的令人困惑的现象。

瑟伯作品中最著名的角色沃尔特·米蒂（Walter Mitty）想象力非常丰富。他的想象天马行空，无拘无束，有时他把自己想象为一名英勇的飞行员，有时是一位出类拔萃的外科医生，有时甚至幻想自己是冷笑面对行刑队的勇士。他只是不情愿回到现实世界他那个凡夫俗子的角色。这就很容易理解为什么他宁愿生活在白日梦里。

瑟伯的幻觉反映了一种不同的内心矛盾。在视觉上，它们对他来说是真实的，但他的认知商使其认为它们都是虚假的。只有懂得如何通过思考决定是否观看事物，才能发现一些奇妙的、富有想象力的新事物。

是的，在三明治中看到圣母玛利亚并不奇怪

我们应该如何看待看到实际上并不存在的事物这个现象呢？如果

我们能看到虚幻模式或对不存在的事物赋予意义，这是否意味着我们疯了？如果在平底锅中的奶酪三明治上看到圣母玛利亚的脸，或在云朵中发现动物园里的动物，这是否为精神疾病的征兆？

就像在选择食物、伴侣和对日常生活很重要的其他许多东西一样，我们似乎天生就能识别模式并赋予其意义。如前所述，在生命之初，大多数婴儿都会注意观察具有脸部一般特征的事物。大脑快速思考和评判能力是一种保存生命的进化适应能力。我们的大脑总能从线条、形状、表面和颜色随机构成的巨大拼图中做出选择。我们的认知商取决于辨别现实和虚假的能力。我们的生存能力取决于如何理解这些图像并赋予它们意义，使之与长期知识存储相匹配。但有时候，我们还会将模棱两可的事物与我们更容易识别的事物匹配，比如说熟悉的面孔。

纯粹认知是内心期望的产物。在一份三明治上看到圣母玛利亚的形象部分反映了这些人是基于希望和梦想认识世界的。我们倾向于把自己的偏好投射到看到的东西上，这与我们的成长经历、教化形成的信仰以及我们选择接受什么样的真实事物来填补空白、理解世界并赋予其秩序和确认我们的信仰有很大关系。

和许多其他被认知的宗教类事物一样，圣母玛利亚奶酪三明治，无疑是那些愿意“信其有”的人的认知商在发挥作用。说白了，在科学现实中，它不过是一块普通的烤奶酪三明治。但是你猜怎样？没有人在乎它究竟是什么，他们想要看到想象的面孔并固执地认为这些不可能完全是可能的。这就是为什么我们很多人都痴迷于超级英雄、为什么好莱坞仍然需要快速制作大量超级英雄电影——如《银河护卫队》和《蚁人》这样晦涩难懂的电影——来满足我们的需求。没有顽强的想象力，我们就不会有个性，就不会去质疑、探索和创新。如果怀疑的认知商作用过于强大，就不会存在詹姆斯·瑟伯斯这样的人了——或者像巴勃罗·毕加索、乔治娅·奥·吉弗[①]、圣雄甘地、马丁·路德·金、披头士乐队、艾瑞莎·弗兰克林[②]、史蒂夫·乔布斯、麦当娜（我说的是歌星而不是烤奶酪上的妇人）、史蒂文·斯皮尔伯格、吉恩·罗登贝瑞[③]、奥普拉·温弗瑞[④]以及其他才华横溢、矢志不渝、具有卓越影响力的名人了。

卡尔·萨根[⑤]非常精辟地指出："幻想常会把我们带到虚无之境，但缺乏幻想又会使我们在现实世界驻足不前。"

---

① 乔治娅·奥·吉弗（Georgia O'Keeffe，1887—1986）：20世纪初成名的美国杰出女画家。她的作品构图简练，巧妙平衡画面，结合音乐与舞蹈。简单却意象宏伟的花卉是其画作中常见的主题。——译者注

② 艾瑞莎·弗兰克林（Aretha Franklin，1942年出生）：美国流行音乐歌手，她演唱的歌曲跨越灵魂与流行音乐，有"灵魂歌后"的美称。艾瑞莎一共获得19次格莱美奖，其中11次获奖来自"最佳节奏蓝调女演唱人奖"，她还是摇滚名人堂首位入选女歌手。——译者注

③ 吉恩·罗登贝瑞（Gene Roddenberry，1921—1991）：美国编剧、制片人、导演、演员。主要作品有《星际迷航》系列。——译者注

④ 奥普拉·温弗瑞（Oprah Winfrey，1954年出生）：美国演员、制片人、主持人。当今世界上最具影响力的妇女之一，在多个领域均取得了辉煌成就，她主持的电视谈话节目《奥普拉脱口秀》收视率连续16年排在美国同类节目首位，2018年获第75届金球奖终身成就奖。——译者注

⑤ 卡尔·萨根（Carl Sagan，1934—1996）：美国天文学家、天体物理学家、宇宙学家、科幻作家，行星学会创立者。——译者注

第6章
纯粹认知：花2.8万美元买一份烤奶酪三明治？

我们已经讨论了认知会强迫我们在食物和其他物品上看到并相信一些耸人听闻的事物，这也使这些物品的价值不成比例地剧增。下面，我们将研究负罪感如何操纵我们日常生活中的认知，特别是在涉及像购买汽车这样的重大购物决定时。

第 7 章

感官的愉悦享受：

互惠原则绑架认知商

古罗马哲学家西塞罗[①]说过："感恩不仅是最高尚的美德，而且是所有美德之源。"

设想一下，你的生日到了。你收到了一位还不怎么熟悉的朋友送来的大礼包。她是我"一个朋友的朋友"，也正是这个原因，你们两人很偶然地在脸书上互加为朋友。大约一年前，在星巴克你和她巧遇，你们坐下来随便聊了几句。尽管聊得还算愉悦，但你并没有真正想过要和她成为好朋友，充其量只不过是偶尔为她脸书上的帖子点个"赞"罢了。坦白地说，你觉得她这个朋友可有可无。但是现在她送来的贵重礼物就摆在你面前。（你在脸书上注意到）再过几周，她就过生日了，到时你要回赠一份同样贵重的礼物吗？还是仅仅是在她的脸书留言板上留个言就够了？甚至有必要这样做吗？你既然在考虑这

① 马库斯·图留斯·西塞罗（前106—前43），古罗马著名政治家、演说家、雄辩家、法学家和哲学家。——译者注

件事，你肯定会认为，对很多人来说，如果别人生日时不向人家送上祝福，就代表不尊敬：“不能这样，这是很重要的社交礼仪！”

别人送你礼物后，你立刻觉得应该回礼，因为你的认知商受到冲击。互惠原则是罗伯特·西奥迪尼在其畅销书《影响力》中创造的术语，营销人员和销售商每天都在利用这个原则说服我们购物。汽车商尤其精于此道。你真的认为销售商是因为他感觉你有困意才不停地给你的咖啡续杯吗？你想过没有，他为什么不停地让你免费享用糕点、炸面圈、曲奇饼干或爆米花？他是希望你因为感觉受到关照而想回报他一些什么。他琢磨着，自己如此大方，你一定愿意多待一会儿并最终被他说动，心甘情愿地付定金买一辆豪车，而不是再去其他地方对比一下有无更优惠的价格。哇！这真是一杯昂贵的咖啡！甚至你还没有觉察到，你的义务感已经绑架了你的认知商，仅仅是因为销售商给了你一些小恩小惠就让你相信应该在这里购物。你怎么能不回报人家的好意就轻易离去呢？

尽管一些互惠义务很直白，更多的这类交换却是不对等的。你在车行所消费的东西的价值和你经不住甜言蜜语购买的汽车相比，实在不算什么。互惠原则会改变我们的认知，影响我们的行为。你来到一家车行，或许只不过是想在这里先了解一下情况；你并不想没有全面了解和研究就轻易下手购车。而实际情况却是，你本来想着“我先看看所有车型，货比三家，攒些钱，如果年底价格下跌我再买车”，可到最后，你一激动，头脑一热就妥协了。即便你把所有的免费咖啡和零食都吃完了，你也没有义务去买车，然而你感到如果这样做就会有压力。你这样说服自己："既然这个家伙工作这么勤奋，待人这么大方，为什么还要让别家的销售商获利呢？"

确实，"一报还一报"的无意识想法经常会让我们产生一种还债的压力——不管是正面的还是负面的，后者往往是复仇的情形（将在下文讨论）。不想要或不愿意接受的债务束缚会削弱我们的认知商，让我们失去主见，很容易被人利用或影响而自己还没有认识到。在这种情况下，有人会想，我们究竟能不能抵御这种互惠原则的驱使呢？

罪恶感是后来生成的？

如果我们生长于犹太人或意大利人家庭，一定会背负罪恶感。（"你已经一个星期没有打电话了。"你肯定听到过这种熟悉的说教。"你难道忘了你那可怜的老母亲了吗？你只要偶尔打个电话就好。你永远不知道这或许是你们最后一次通话。"）我和妻子塞琳娜订婚后，我母亲谈到我前女友时就好像永失所爱一样长叹一声："好了，索菲算是过去了……"虽然我们大多数人所背负的十字架无法和耶稣前往各各他山（Calvary）时背负的十字架相比——例如，我女儿负责每周打扫一次她的房间，但我们还是承受了很多压力，至少我们是这样认为的。除了文化传承，多多少少总有一些罪恶感存在于我们日常生活中。我们生来就是这样，还是后天养成的？有没有办法使我们摆脱罪恶感对认知商的控制和对生活的影响？

让我们还是回到买车那个场景。设想一下，销售商给你介绍了 4 款车，让你试驾其中两款。在路上，他又给你几个羊角面包和一袋爆米花。在他办公室时，你偶然看到他三个孩子的照片，这些孩子很讨喜，他告诉你一些他的孩子们踢橄榄球和表演舞蹈的趣事。不知不觉一个半小时过去了，现在你的感觉很奇妙：你在这里的时间已经比预想时间多了一个小时，下一场约见明显要迟到了，你已经吃饱了，连午饭也省了，你对这个和善的销售员和他的家庭像朋友一样熟悉。你仍然记得，你最初的想法只是随便看看，你告诉自己真的该走了——但是，这个销售员已经在你身上花了这么多时间，你怎能随随便便离去？他的时间不也很宝贵吗？在你大吃羊角面包的这段时间，他或许能向其他顾客卖出去三辆车。或许他的老板会看到你离去而买卖没成——那会发生什么事？他的工作可能保不住了——照片中的那三个孩子又该怎么办？他们会不会再也没有机会跳舞了，甚至还会无家可归？这个销售员表现出一些难以觉察的眼神，几次提到“这是桩好买卖”，“每月分期付款非常轻松”，还说“手续便捷”，然后……

“嘭”的一下，你难拒诱惑就上钩了。这种从现实到幻想的彻底反转（例如，幻想如果你不买车，他的孩子们就会无家可归）是在你成长过程中形成的，还是一直潜伏在你的 DNA 里呢？从一定程度上说，我们或许真的生来就习惯于为别人着想，愿意接受互惠原则，但我相信，我们在这些情况中所做出的反应更多的与我们的认知商有关，我们习惯于根据既往经验和当下认识做决定。

自 19 世纪法国哲学家奥古斯特·孔德[①]（Auguste Comte）首次提

---

① 这位哲学家的绰号不是“奶酪”，因为奶酪（Comté）这个词在 e 这个音上面有闭音符号，而这位哲学家的名字（Comte）中没有闭音符号。

出“利他主义”或“无私”的概念以来，心理学家一直对人是否生来就乐善好施存在争论。最近，斯坦福大学两位心理学家通过实验表明，利他主义还有其他促发因素，而不是与生俱来的。

2006 年，一项针对蹒跚学步的婴幼儿的研究发现，18 个月大的婴儿不需要外部因素就愿意帮助实验人员。很多研究人员认为，婴幼儿的这个利他行为是天生的利他主义表现，这个发现成为后续研究的基础。

同时，和针对学步的婴幼儿的大多数实验一样，研究人员认为，在眼前所见事实之外，或许还有其他因素存在。他们发现，在试验之前，他们安排了几分钟的玩耍时间来确保这些婴幼儿在不熟悉的环境中对陌生人感到放松。这种短暂的互动可能会诱使婴幼儿做出利他行为，从而影响实验结果的准确性。

研究人员认为，所有人类——特别是儿童——都寻求一种社交线索，其中最明显的就是无私。和儿童一起玩耍会让她感到有人关心她或对她友好。研究人员认为，“这些活动是相互性沟通，孩子们会做出回应”。在测试前的游戏阶段，参加互惠游戏的婴幼儿表现利他行为的可能性是那些参加平行游戏[①]（不和其他人接触）婴幼儿的 3 倍，这表明，利他行为更多的是由既定的关系和环境决定的，而不是与生俱来的。

---

① 平行游戏：社会性游戏的初级形式，指两个或两个以上的幼儿在一起玩，他们操作相同或相似的玩具，开展相同或相似的游戏，他们不设法影响或改变同伴的游戏活动，各玩各的，有时相互模仿，但相互间没有任何联系。——译者注

作为成年人，很多生活经验告诉我们，妥协和退让通常是赢得同情和理解、解决争论或结束白热化分歧的唯一途径。在一些极端情况下，很多商人（“背后使坏的人”）和政治家（“腐败”“肮脏”的人）更擅于利用互惠原则在协商中占据优势、赢得支持者或赢得顾客。他们能轻松地为他的可疑行为找到合理化和正当化说辞，将受骗者的认知商推到妥协模式，就像玩超人触碰到氪石[①]后变弱那样的孩子把戏。我们都听说过“礼以相互往来为贵”和“有来有往互相利用”这一类的陈词滥调，并且这些语句很容易让我们想起那位偷偷摸摸的政客，他支持某位女参议员的提议以便换取她的支持（这么多年来，我一直误以为政界常说的猪肉桶[②]是指大选前夜政治家吃的大量烤猪排），或者“与人方便，与己方便”。反之，上次她没有支持他的提议，因此这次他也不会支持她。像这些情况，不管是在政界、商界还是其他领域，我们都会决定是否出于罪恶感、怕被报复或需要为将来广结盟友而互施恩惠（“还记得那次我支持你的提议吗？现在我的提议就要提上日程了……”）。

在《影响力》一书中，西奥迪尼谈到了另一种认知商杀手：退让。这往往发生在你被误导相信某种做法比另一种更好，虽然实际情

---

① 氪石：漫画《超人》系列中的一种假想矿物，最早出现于1943年美国广播剧《超人历险》，在1949年《超人》第61期中被引入漫画。长久以来，它被设定为超人众所周知的弱点之一，但是在特定条件下超人也能免疫氪石伤害。——译者注

② “猪肉桶”（porkbarrel）：美国政界经常使用的词。南北战争前，南方种植园主家里都有几个大木桶，把日后要分给奴隶的一块块猪肉腌在里面，“猪肉桶”喻指人人都有一块。后来，政界把议员在国会制定拨款法时将钱拨给自己的州（选区）或自己热心的某个项目的做法称为“猪肉桶”。——译者注

况并非如此时。退让会引起交互回应，因为它涉及我们所熟知的认知对比。假设说一位顾客欠你 1 万美元，而你已经提供了完美服务。尽管你已经接连寄给他早该支付的发票，并且发给他的邮件语气越来越不友好，一年过去了，该顾客仍然无动于衷。最终，你通过律师给这位顾客发出警告函：要么还钱，要么法庭上见。最后，这位顾客打电话来，虚情假意地道歉："很抱歉发生这样的事情，你也知道——我不是那样的人。我从不欠账。谁都不想去法庭。想想那得在律师身上花多少钱和时间啊。咱们各让一步，我还你一半钱就算扯平了。怎么样？"

不行——绝对不行！你已经等钱等了一年了，一直追着他要钱，并且还花钱让律师发警告函——现在要只收一半钱来扯平？可惜，现在你却不这样想。你想，已经为了此事烦恼了一年了，钱少些就少些吧。这位顾客认定你不想去法庭打官司，你不过是虚张声势罢了；那样不仅代价昂贵，而且，万一你输掉官司怎么办？根据顾客这个提议，他至少还给你一些钱，而你所担心的是，如果不这样，你可能一个子也得不到，或者更糟糕的情况是，你会损失更多金钱。

没有人能完全避免自己处于互惠义务的受与方地位，这时自己的认知商被降到最低。很多时候，和所有人一样，我能感到对自己互惠本能的巨大推力——特别是在复杂的社交关系中。

收支平衡

你一定有过这样的人生经历：你准备参加一位远房表妹的婚礼，

你和她或许仅见过4次面。你买了一张合适的贺卡，想在里面夹张支票。你琢磨了好久应该给多少礼金，但仍然不确定到底多少合适。你在写支票时，有没有考虑你的两个孩子也要参加婚礼和婚宴这个因素？你有没有权衡这场婚宴的美妙和精彩程度？

在给这位并不熟悉的表妹随份子事情上，你对规矩礼数和现在结婚贺礼行情拿不准，你忽然想到：你的婚事上这位表妹出了多少钱？你是8年前结婚的，当时她还没有结婚也没有孩子，但至少可以用这个模糊的事实作为权衡尺度。你问你丈夫，他是否记得，他说："我记得很少——好像是25美元左右。"没有其他参照，考虑到你们一家四口人去参加婚礼，你用25乘以4，最后写了一张100美元的支票。妥了！

假设这位表妹当年一贫如洗，背负债务，刚刚失业，还要努力挣钱还学校贷款，25美元或许是她当时所能拿出的所有的钱。这种情况能改变你现在送给她的支票数额吗？

如果你的配偶记错了礼金数额，你的表妹实际上给你们的贺金要比那多得多，那怎么办？或者你忘记了，除了支票，她还根据你制定的"新娘购物清单"买了一个贵重的面包机送给你，这样加起来她出手很大方。你是否认为回赠她一个俗气的、过时的酒架就显得太寒酸了？

让我们设想另外一种完全不同的情形。你的配偶记得，这位表妹8年前送给你们两位新人500美元。你手里摇着笔，自言自语道："天哪，我们怎么付得起？为什么我的表妹要给我们这么多？"

我碰巧认识一个人，他的近亲表妹就没有送给他结婚贺礼。十多年过去了，他对这位表妹做出的这种不近人情的事一直感到十分失望，难以释怀。一天，我的这位熟人收到一封神秘来信。信中夹着他表妹寄给他的一张 100 美元的支票，支票日期是 10 年前某日。信封上有很多被划掉的地址和标记，这意味着收信人已经“搬走”；信封里还有一张他表妹签名的皱皱巴巴的结婚贺卡以及一位陌生人手写的信。这封信大意是：“你不认识我，但是这封信已经寄往错误地址很长时间了，我决定在互联网上找找你。你搬了很多次家，但我终于找到了你现在的地址，（希望如此！）并把贺卡和支票一起寄给你。祝你结婚 10 周年幸福！”

收到这封丢失很久的神秘礼物之后，我的这位朋友立即给他表妹打了电话，好好感谢了一番，并且告诉她这个怪事。支票已经过期了（上面的账户已经不存在了），这无关紧要，重要的是，他为自己曾经对他表妹心怀怨恨和误解这么多年而感到愧疚。

的确，在送礼物这件事上，很多人都奉行“礼尚往来”，并且将收支平衡作为人之常情。上帝和天国门口的天使会因为你没有带礼物就把你拒之门外吗？或者相反，会因为你炫耀故意抬高的礼金而把你轰出去吗？互换礼物没有赢家，没有必要降低你的认知商，为这类事情烦恼。真正关心你的朋友或亲友，你只要能带份礼物去参加庆祝活动，他们就很高兴了。不要因为比较你家人或朋友的礼物价值而影响你的认知商。这只会让你感到羞愧或廉价（花钱太少）或愚蠢和草率（花钱太多）。

可以说，礼物是好东西，但不需要为之过于纠结或过多考虑。重要的是尽量避免只是互换。根据你自己的心意送份礼物，并且要量入为出——合适就好。

以眼还眼：以怨报怨

是君子报仇，十年不晚，还是快意复仇？这些话都是陈词滥调，因为很多人想到和别人扯平就会获得认知商满足感。事实上，即使是想象实施报复的步骤也会给大脑带来强烈的火花，激起某种快感，就好像享用一块柔软可口的美味蛋糕而无须担心摄入热量过多一样。实施报复完全是不含热量的行为——尽管你可能因此坐牢。

我们的大脑天生就很享受报复的感觉。核磁共振成像研究发现，当我们一门心思考虑报复别人时，多巴胺就会充盈大脑兴奋区——这和我们吃巧克力蛋糕时的感觉一样（多巴胺的释放加强了对化学或毒品依赖）。这很可能在进化过程中从原始人那里传承下来的。原始人的直觉告诉他们为了生存必须报仇。如果一只老虎袭击了一群史前人，咬死几人并且咬伤几人，这群人的头领会动员那些幸免于难的随从准备好长矛和石块去追杀这只老虎。对这群人来说，报仇动机是集体意志，因为他们深知，如果不显示他们的厉害，老虎会认为这些人不堪一击，说不定将来哪天会回来再次伤人。整个部落都支持头领的决定，这表明大家都想报仇，都支持这个方案，因为他们占据必要的优势：人多力量大，而且这是一次很好的磨炼。

我们或许会认为，我们是从那个阶段进化而来的，但一些人会认为其实我们并没有高明多少。今天的人们仍然会因为很多事情而表现出以怨报怨的恶行。想想你一直想报复办公室某人的情形，他或许因剽窃了你的想法而得到了晋升，而你认为这是你应得的；想想你还是孩子时，你的兄弟姐妹告发你偷开父母的车去兜风，还把挡泥板上碰了个凹坑。

和兄弟姐妹一起成长起来的人清楚地知道想报仇的感觉（无论是报仇方还是被报仇方）。在孩提时期，我们的认知商很低，因为它们还没有成熟到面对认知的攻击做出合适的反应。如果一个男孩子故意在他哥哥面前吐痰，我们很确定“这是挑衅”，他立即会被痛打一顿。在我家，我那可爱的女儿们如果认为被她的姐姐或妹妹冤枉，即便完全是无意的，也会变得不那么淑女。一次，我看到我一个女儿不小心踩了另一个女儿一脚，这个被踩的女儿毫不犹豫地攥起拳头就报了仇——嘭！（说实话，在介入调解之前，我很享受旁观者的角色，就像做曲棍球裁判一样。）

“爱你十周半”，果真如此吗？

男性和女性大脑差别这个话题需要特别谨慎对待。[①] 正因如此，我想小心讨论这个话题，通过科学来解释我们对大脑的认识以及男人和女人对报仇的不同看法。简单地说，男人有很多睾丸激素，而女人

① 我认为我在讨论女性和男性行为时是相当客观的。毕竟，在结婚时我把我妻子的姓（鲍彻）加到我的姓（瓦彻勒）上面，这也使我成为美国为数不多的使用女方姓的男性。约翰·列侬曾经试图将姓氏改成小野·列侬，但是英国法律不允许改变姓氏，所以他不得不把他中间名字改为温斯顿·小野。

有很多雌性激素；这种根本性生理差异导致男人和女人感到被冤枉时的反应完全不同。

当男性遭到威胁时，他的睾丸激素水平会使其忘记恐惧，释放攻击性。一项科学研究发现，女性被注射睾丸激素后，她们大脑中的杏仁核表现为兴奋状态，她们对危险情况的反应更具有进攻性。既然女性睾丸激素较少，从基因角度来说她们不像男性那样易于表现出敌对性和过激行为，那么，为什么很多人都注意到这么一个说法，那就是女性遭受虐待时会比男性更加恶毒，甚至更有可能拼命报复？

这种认知的起源可以追溯到1697年英国剧作家威廉·康格里夫[①]创作的戏剧《悼亡之新妇》(*The Mourning Bride*)。剧中有这么一句话：

爱化为恨，比天堂之怒更加危险；

女人遭怠慢，比地狱之复仇更加可怕。

早在20世纪90年代初，发生在弗吉尼亚州马纳萨斯镇的一桩丑闻引起了所有八卦爱好者的注意，那就是洛雷娜和约翰（韦恩）·鲍比特的情仇故事。还记得那对声名狼藉的夫妻吗？这个故事讲的是，洛雷娜（复仇的女人）在她丈夫睡觉时剪掉了他的阴茎以惩罚他的不忠。哎哟——《迷雾追魂》(*Play Misty for Me*）和《致命诱惑》(*Fatal Attraction*）这两部悬疑电影中所刻画的女性可怕的心理都不足以和

---

① 威廉·康格里夫（William Congreve，1670—1729）：英国剧作家，他的喜剧以活泼生动和对话高雅为特色，对角色的刻画细致入微且多彩多姿，代表作品为《以爱还爱》。——译者注

洛雷娜·鲍比特相比！

当一个女人爱一个男人爱得“神魂颠倒”时，多巴胺——和我之前提到过的复仇快感所涉及的神经传递素完全相同——冲击着她的大脑。研究表明，这是一种强有力的反应（可将它视为大脑中的爱情迷幻剂）；如果她被剥夺了这种幸福的感觉，比如被不忠诚的伴侣抛弃，她的多巴胺会急剧下降，这个男的怎么做也无法补救。在极端情况下，你一定听说过弃妇锁住情人的车，和情人兄弟或好友做爱，在大庭广众之下造成尴尬，或者在网上和公路广告牌上张贴所有不堪入目的细节的故事。那不过是复仇战争刚刚开始！

这并不是说男人都是圣人。如果被情人抛弃或欺骗，男人完全会实施更可怕的虐待行为。（这里我想澄清一下，我指的不是那些在言语、情感或身体上虐待别人或心理失常的跟踪狂。这些人容易被激怒。）这些应激反应往往发生在情绪激动时，会导致直接威胁、毁坏物品和身体虐待；一些极端的例子是导致自杀和谋杀（想想O.J.辛普森案）。不同的是，除了精神病患者（如果没有药物治疗，他们会做出各种危险的、难以预料的行为），只要睾丸激素和内啡肽冲上脑门儿，男人往往会采取直接的敌对性和攻击性行动；一旦它们被释放出来，这些男人通常会在一段时间后冷静下来，意识到他们反应过度，感到懊悔，垂头丧气地道歉，买鲜花取悦女人。另一方面，有些女人被抛弃后会长时间地怨恨不已，随着多巴胺的起伏变化而不停产生强烈的复仇想法。

在任何情况下，如果你感到既嫉妒又愤怒——无论男女，试着想想关于某个人的美好回忆，以此来重新调整和重新思考。以怨报怨的做法意味着你的认知商急剧跌落；如果让它控制了你的冲动，你会对他人造成伤害，甚至可能面临牢狱之灾。

在下一章，我们将研究那些真正的名人（不像因为令人遗憾的原因而出名的约翰·鲍比特）对我们认知商的影响。

第 8 章

追星时代：

盲从名人效应

你可能还记得，在第 6 章中，我们讨论了一些出类拔萃的运动健将，他们迅速到达荣耀之巅，但随后却意外跌落，灰头土脸，就像歪心狼[①]跌落到悬崖底的情形一样。我还讲到球迷对球队的狂热扭曲了他们的认知商，对他们的生活影响到了让人震惊的地步。名人——我指的是聚光灯下的任何人，包括电影 / 舞台 / 电视演员、摇滚明星、喜剧演员，Instagram（照片墙）偶像、YouTube 大咖和电视真人秀明星等还没有过气的名人——可能让人更加着迷，影响我们的认知商，让我们觉得名人都有一种魔力，特别是在成功、金钱、才能和外表方面魅力巨大。许多人被名人征服并渴望像他们一样，因为他们的思维

① 歪心狼（wile E. Coyote）：华纳公司出品的“兔巴哥”系列动画片中的主要角色，讲述了一只狡猾的歪心狼一心想吃掉机智的“哔哔”鸟，为此，与之展开了一系列斗智斗勇的故事。故事所有结局都是歪心狼作茧自缚，聪明反被聪明误。每当歪心狼追逐“哔哔”鸟到悬崖边缘，“哔哔”鸟都能逃生，而歪心狼会跌下悬崖摔在地上。——译者注

被名人的影像和生活方式操控，他们被名人的性格和其他与之有关的事情愚弄。

由于社交媒体的即时性，名人对个人和文化的影响非常显著，我们都相信名人高人一等，这导致了众所周知的“光环效应”。通常，人们会更在意名人（和政客）的言论和形象，而不太在意那些堪称某行业真正专家的科学家、教育工作者或思想领袖，这导致我们的认知商降低到无知状态。社交媒体常说的追随者也有被魔笛手带领走向某条小路的意味[①]。知名人士发表各类言论，从政治、环境到人权问题，再到儿童疫苗接种——且不管他们对此是否真正了解（诚然，有些名人确实比其他人懂得更多），这已经成为当代标准做法。

不管我们是否意识到这一点，我们每个人都曾一度成为光环效应的牺牲品。在这一章，我们将分析从广告界到社交媒体，光环效应影响我们的思想、信仰和自我形象的方式。

再见，光环

光环效应通常是一种认知偏见，我们对某人的整体印象影响我们对其品格的认识和思考——即使这种印象并无事实依据。对此，没有人能置身事外。从早期广播电视到今天的互联网，名人对粉丝和支持

① 源自古老的德国传说。在德国普鲁士哈梅林镇曾发生鼠疫，死伤极多，居民们为解决鼠疫聘请魔笛手，但事成之后却背信弃义，最终遭到魔笛手惩罚。——译者注

者的影响如此之大，以至他们中的许多人在产品推销方面达到了和他们专业成就一样高的知名度。多年前，名人堂棒球运动员乔·迪马吉奥[①]就为“咖啡大师”(Mr. Coffee)咖啡机做过广告。最近，威廉·夏特纳[②]（即《星际迷航》中的柯克舰长扮演者）通过在电视广告中做出一些娱乐性的武术动作，吸引大众关注旅游服务网站 Priceline。即使是演员威尔福德·布利姆雷[③]也不甘寂寞，不顾其乏善可陈的年老体态为利宝互助保险集团和桂格麦片吸引了特定年龄段的观众。广告中更是不乏女明星的身影：波姬·小丝[④]（为 CK 服装代言），琼·艾莉森[⑤]（为得伴内裤代言）、玛莎·雷伊[⑥]（为保丽净假牙清洁剂做广告）。

当那些被信任的备受瞩目的名人出现在商业广告中，观众的脑海中就好像被吹进了魔法粉一样，因为他们将名人光环和其推荐的

① 乔·迪马吉奥（Joe DiMaggio，1914—1999）：美国著名棒球运动员。1936 年起效力于纽约扬基队，12 次入选全明星，9 次夺得棒球联盟总冠军，1951 年退役。在他退役以后，因为与玛丽莲·梦露的短暂婚姻而影响广泛。——译者注

② 威廉·夏特纳（William Shatner，1931 年出生）：犹太裔加拿大演员。在美国经典电视剧《星际迷航》系列电影中饰演进取号星舰舰长詹姆斯·T. 柯克角色而被广为人知。——译者注

③ 威尔福德·布利姆雷（Wilford Brimley,1934 年出生）：美国演员，代表作品为《我们的家》《蒸发的摩根夫妇》等。——译者注

④ 波姬·小丝（1965 年出生）：美国女演员、作家、模特和“Calvin Klein Jeans”创始人。——译者注

⑤ 琼·艾莉森（June Allyson，1917—2006）：美国女演员、舞蹈家、歌手。——译者注

⑥ 玛莎·雷伊（Martha Raye，1916—1994）：美国喜剧女演员，代表作品为《魔法龙帕夫》《协和式 1980》《爱丽丝梦游幻境》等。——译者注

某种产品联系起来，这些产品似乎更加可信和值得拥有。选择合适的代言人会极大地降低我们的认知商，这一点我们将在下文讨论。试想，如果波姬·小丝用空手道劈击动作为 Priceline 做广告，或威尔福德·布利姆雷在广告中宣传得伴内裤，还会有同样的广告效果吗?

如今“世道变了”。现在的名人用不寻常的光环效应成功地影响我们。过去，电视名人珍妮·麦卡锡（Jenny McCarthy）直言不讳反对使用疫苗，她认为自闭症的风险比麻疹和水痘还要高。在社交媒体上，富贵名流的影响力特别大，他们用 140 个字符的推文就能在几百万追随者心中种下产品的种子。尽管这些信息传递表面上看起来无害，但也暗藏风险，因为我们可能根本不清楚这些是不是付费广告，它们的出现让我们无法抵挡。

金·卡戴珊·韦斯特（Kim Kardashian West）以每场演出 75 万~100 万美元的酬金成为某产品代言人，她的每条推文或在 Instagram 上的帖子价值 1 万美元。为什么名人吸金如此容易？广告商深谙此道。由于光环效应，像卡戴珊这样的名人的推特或言论会引起数百万追随者关注。很多关注者根本不在乎这些名人的话是否真实可信，而宁愿相信其表面价值；卡戴珊的文字也足以令人信服。（在本章最后，我们还会谈及卡戴珊。）

光环效应并不局限于名流，也不仅仅是认知问题。教师们在评价他们认为成绩高于其他人的学生时，也会受光环效应的影响。老板可能会被员工某种品质吸引，比如说员工的工作热情或个人魅力，这些看法都会对评价起负面作用。消费者购买贴着有机食品标签的食物时，会认为它更美味，脂肪更少，热量更低，纤维更多，比非有机食品更有营养，虽然实际并非如此。

意识到光环效应并不能使我们避免它对认知商和最终决定的影响，特别是当我们对某人、某事或某种情况的认识非常明确，并满足于我们的观点且不愿更改时。在涉及光环效应时，轻信他人的人和见利忘义的人都可能难以摆脱偏好的影响，特别是在面对营销、宣传和广告时。

光环效应的一个极端和更险恶的结果是跟踪名人。这些跟踪者满脑子都想遇见或成为他们心目中的英雄和榜样，因此他们的偶像走到哪里，他们就都跟到哪里。——经常在某个公共或私人场所突然冒出来，不仅仅是索要一个签名那么简单。让那些跟踪者成为他们飘飘然的追星族、粉丝和追随者，这已成为超级明星们惯用伎俩。碧昂斯①、赛琳娜·戈麦斯②、杰西卡·辛普森③、詹妮弗·洛佩兹④这些名人都受到过跟踪者的威胁，这只是少数几个例子。这个现象绝不限于

① 碧昂丝·吉赛尔·诺斯（Beyonce，1981年出生）：美国女歌手。2017年在全英音乐奖上获得最佳国际女歌手。2017年，碧昂斯获全美音乐奖乡村类最受欢迎女歌手奖。——译者注

② 赛琳娜·戈麦斯（Selena Gomez，1992年出生）：美国女演员、歌手。——译者注

③ 杰西卡·辛普森（Jessica Simpson，1980年出生）：美国流行歌手、影视演员。——译者注

④ 詹妮弗·洛佩兹（Jennifer Lopez，1969年出生）：美国歌手、演员、电视制作人、流行设计师。——译者注

女名星，演员亚历克·鲍德温[①]、柯林·法瑞尔[②]和约翰·库萨克[③]都经历过粉丝们的死缠烂打。并且我们还记得披头士乐队两名成员都遭到过袭击：1980 年，约翰·列侬在他的纽约家门口被杀；1999 年，乔治·哈里森在家里被非法闯入者刺伤，幸运的是他逃过一劫。

很明显，出名会带来高风险——这种事情太多了，我一个朋友在洛杉矶一家著名人才中介机构工作，她告诉我，她所在公司发明了一种他们称之为“疯狂通话”的方法来对付那些要求与名人通话的人。（他们的电话会被呼叫转移，他们听到的是让人无法忍受的背景音乐，直到他们感到厌烦而挂断电话。）

在马丁·斯科塞斯（Martin Scorsese）1982 年执导的电影《喜剧之王》（*The King of Comedy*）中，罗伯特·帕普金（Robert Pupkin）扮演一位一心想成名的喜剧人物，他特别崇拜喜剧偶像杰瑞·朗福特（Jerry Langford），以致他绑架了他的偶像并在家中（利用硬纸板）设置了他自己主持的冒名谈话节目。罗伯特对着镜头说：“你们可能想知道为什么杰瑞今晚没来。他被绑架了，我把他锁了起来，你们或许认为我在开玩笑，但这是我能进入演艺圈的唯一办法——劫持杰瑞·朗福特。”

---

① 亚历克·鲍德温（Alec Baldwin，1958 年出生）：美国演员，主要作品为《珍珠港》《追击赤色十月》《甲壳虫汁》《永远的璐璐》《乌龙密探摆黑帮》等。——译者注

② 柯林·法瑞尔（Colin Farrell，1976 年出生）：爱尔兰演员，主要作品为《老虎营》《少数派报告》《迈阿密风云》《杀手没有假期》等。——译者注

③ 约翰·库萨克（John Cusack，1966 年出生）：美国演员、编剧、制片人，主要作品为《高材生》《空中监狱》《致命 ID》《谍海风云》《天将雄师》等。——译者注

欣赏一个人的才华、长相、魅力，甚至有勇气在娱乐圈试试手，这无可厚非。但一旦过于痴迷名人，失去了自我——或者更糟糕的是变成像罗伯特·帕普金那样的人——那么认知商就会下降，有时甚至到无药可救的地步。

既然我们已经谈到《喜剧之王》的幽默世界，那么让我们一起来看看幽默如何影响我们的认知商。

喜剧演员都很“粗俗”？这取决于观察者的认知商

很少有比喜剧更微妙、更容易有不同理解、更容易被个人喜好左右的东西了。一个人认为遭受的冒犯对另一个人来说可能却很滑稽。在长岛犹太人集会喜剧表演中那些取笑以色列人的低认知商喜剧演员，或者在哈莱姆阿波罗剧院单人脱口秀表演中，使用以字母“N”开头的单词的低认知商的白人喜剧演员要倒霉了[①]。政治、宗教、性、种族、残疾人和死亡都是经久不衰的喜剧题材，喜剧演员必须冒很大的风险来成就事业、声誉和艺术。但是喜剧演员必须小心谨慎：我们的认知商要求表演场合和观众必须完全合适，表演者塑造的舞台形象必须符合实际。只有少数喜剧演员能摆脱普通人和某特定群体的观众喜欢的老套幽默——例如唐·里克斯（Don Rickles），这是因为他们塑造了特殊的舞台角色，观众们都沉浸其中，并且知道喜剧演员只是在“搞笑”。

---

① 英语中以字母“N”开头单词，即“N word”，在美语中特指“黑鬼”的贬义词“negro”。这个词因为带有种族歧视色彩而是个禁语。——译者注

回到刚才所说的，为单人脱口秀带来革新的喜剧演员、讽刺作家兰尼·布鲁斯（Lenny Bruce）所讲的有关丈母娘的笑话可能是此类笑话的鼻祖（我稍微改述一下）。他说："我丈母娘毁了我的婚姻。一天，我妻子回家，把我俩捉奸在床。"

这是冒犯无礼吗？按照今天的标准来看或许不是。这个笑话和我们对它接受程度的改变说明文化的变迁改变了我们的认知商。由此可见，对现实（和道德）的认知决定了什么是淫秽和无礼的幽默，以及在某个时代什么是合适的。在20世纪60年代，对许多人来说，兰尼·布鲁斯关于丈母娘的笑话越过了可以接受的红线。而今天，社会规范使那条红线不再那么鲜明，因此，我们对那些色情幽默也见怪不怪，甚至习以为常了。

在他那个年代，兰尼·布鲁斯不仅因为说脏话和谈论禁忌话题（比如与亲戚通奸）而被许多俱乐部封杀，而且还曾多次被捕。多年的诉讼官司对布鲁斯来说是一种痛苦，他感到自己不仅仅是一个滑稽的笑话。很多著名喜剧演员——如汉尼·杨曼（Henny Youngman）、米尔顿·伯利（Milton Berle）和杰基·格里森（Jackie Gleason）都讲过许多关于丈母娘的笑话，但从来没有到布鲁斯那样的露骨程度。在挑战社会习俗方面，布鲁斯发时代之先声，并为罗宾·威廉姆斯（Robin Williams）、路易斯·C.K、（Louis C.K.）、乔治·卡林（George Carlin）、理查德·普莱尔（Richard Pryor）、艾迪·墨菲（Eddie Murphy）、艾米·舒默（Amy Schumer）、萨拉·斯沃曼（Sarah Silverman）、玛格丽特·曹（Margaret Cho）等人奠定了基础。这些人和其他许多喜剧演员都有非同寻常的高认知商，因为他们发现并（以夸张效果）揭示了观众可能不在意的（或从未公开表达过的）真相。不管他们是否“粗俗”。通常揭露我们日常生活中的荒诞和谎言，喜剧演员让我们学会拿自己的弱点开涮，拓展了我们的认知，提高了我们的认知商。

念念不忘

甚至连娱乐圈内最底层的喜剧演员也认为，名人光环效应会对喜剧会所里的观众的认知商产生巨大影响。在喜剧会所小型舞台上登台露面，会给这些聚光灯下的演员带来光环效应。演出结束后，喜剧演员经常流连于酒吧，大批粉丝像飞蛾扑火一样对他们紧追不舍。

对这些喜剧演员来说，最佳的行业术语是“偷着笑的混蛋”。喜剧演员必须有一定的自信心、感召力和掌控舞台的能力，所有这些都是吸引人的特质。更重要的是，粉丝们被名人身份（当然，有时是末流明星）所吸引，更何况事实是，这些表演者比摇滚明星或性感猛男更容易接近。

真人秀和自我满足

多年来，各类小报以夸大报道（经常捏造）名人个人嗜好、婚内出轨、离婚风波、三角恋情、整容手术、身败名裂、体重增加以及风流逸事来炒作自己。本章前面详细讨论的名人光环效应包含了围绕着明星人物的种种秘闻；针对名人的报道远远超越了普通大众的生活状态，即使最荒诞不经的新闻和最新负面消息——那些拍得模糊不清、故意扭曲的照片让他们看起来肥胖笨重、忙忙碌碌、不修边幅——在那些痴迷者看来也格外真实，夺人眼球。奥普拉并没有采用新减肥计划、迈克尔·杰克逊并不是外星人、莉兹·泰勒[1]并非无数次地坠入爱河，这类新闻不到一个星期就人尽皆知。小报绝没有销声匿迹（事实上，恰恰相反，因为现在有两家冠名“国家”的小报），大众对富贵名流个人生活的好奇从来没有减少过。人们对安妮斯顿·詹妮弗、安吉丽娜·朱莉和布拉德·皮特三人之间无休止的纠葛永远津津乐道。随着时间的推移，情况发生变化：随着一些全新资讯来源和方式，如电视真人秀和互联网，特别是社交媒体的运用，人们对名人八卦新闻的着迷形式也发生了改变。

电视真人秀是一种独特的娱乐方式。通常，在这类节目中亮相的都是俊男靓女，他们聚在一起（有时在制片人的怂恿下）就某个话题发表不满，争论不止或筹划活动以提高收视率。为什么好莱坞明星的妻子们乐此不疲讨论的事情，如做指甲和筹划奢侈晚宴派对这类琐事

---

① 莉兹·泰勒（Liz Taylor，1932—2011）：美国影视演员，主要作品有《战国佳人》《朱门巧妇》《夏日惊魂》等。——译者注

能吸引这么多观众？这些人并不是影星、喜剧明星或摇滚歌星。她们在电视上打扮得十分光鲜（或者不修边幅），她们与名人之间的各种瓜葛（甚至犯罪，就像《暴徒妻子们》真人秀）使得她们对于年轻观众和那些不再关心奥普拉和约翰·特拉沃尔塔[①]琐事的老龄观众有无法抵挡的吸引力。对于那些对自己生活失望的观众，电视真人秀提供了管窥他人生活的机会。

汤姆·桑多瓦尔和施瑞娜·玛丽是我的两个病人（汤姆接受了强化激光视力矫正手术治疗，这是我发明的高级激光视力治疗手术，施瑞娜佩戴彩色隐形眼镜），他们参加了收视率很高的《温达普规则》（*Vanderpump Rules*）真人秀节目，吸睛无数。在生活中他们都是好人，但是电视节目改变了粉丝对他们的看法。电视真人秀节目不像《国家询问报》（*National Enquirer*）那样的小报刊登一篇文章那么简单，而是更大胆、更出格，把他们的化妆和卸妆的过程、华丽衣服、手包和提箱内的个人隐私都暴露无遗。通过电视真人秀，人们认识到这些名人也是芸芸众生中的普通人，他们有各种行为举止，也会犯低级错误，也需要宣泄释放自己的感情。

电视真人秀节目还和互联网实现了完美对接，名人可以控制他们的粉丝在 Instagram 和其他网站上看到什么内容以及产生什么样的涟漪效应。举个例子：我的病人考瑞恩·奥林匹斯在《单身汉》（*The*

① 约翰·特拉沃尔塔（John Travolta，1954 年出生）：又译为约翰·屈伏塔，美国演员、制片人。主要作品有《周末夜狂热》《低俗小说》《矮子当道》《变脸》《剑鱼行动》《伪造者》等。——译者注

Bachelor）真人秀中就展示了强化激光视力矫正手术的过程。考瑞恩事先通过 Snapchat（意为阅后即焚）[①] 程序向粉丝们发布了即将进行的手术过程。粉丝们在她主页上的留言让我印象非常深刻。社交媒体明星利用其巨大的社会影响力引起了人们对重要话题的关注。通过社交媒体平台提供帮助的一个成功例子是 ACE 家族[②]，其 YouTube 频道（ACE 家族）拥有 180 多万用户。他们发布了一位患有圆锥形角膜症的家庭成员的一段视频。让他震惊的是，他收到了巨额的资助来我这里接受霍尔科姆 C3-R 治疗和角膜环植入（Intacs）治疗，这种治疗方法能改善视力，防止创伤性角膜移植。在这段视频发布之后不到 24 小时，浏览量达到惊人的 906 633 次，评论超过 26 000 条。社交媒体对那些虔诚拥护者的影响和作用程度不容小觑。

同时，"个人网红"可以通过智能手机拍照并在推特、Instagram 和 Snapchat 等平台上发布照片，随时随地炫耀自己，引起成千上万人关注。"自拍党"正式成为主流，就好像人人都受邀参加晚会……或者至少是去观看晚会。被称为"自拍女王"和"网络突破者"的卡戴

---

① Snapchat：斯坦福大学两名学生开发的一款照片分享应用。用户能拍照、录制视频、添加文字和图画，并将其发送到自己在该应用上的好友列表。该应用程序的主要功能是所有照片都有 1 至 10 秒的生命期，过了这个预先设定的时间就会自动销毁。——译者注

② ACE 家族：即 Anthelete Content & Entertainment Family，成立于 2015 年，是美国国家橄榄球联盟球员协会旗下的数字娱乐平台，目的是设立一个能使体育界明星展现自己场外生活和个性的平台。该平台刚开始是记录国家橄榄球联盟明星的生活方式并在平台上发送，后来为美国四大职业体育联盟以及美国橄榄球协会的近 400 名球员制作并发布了大量相关内容，影响巨大。——译者注

珊·韦斯特出版（并再版）了《自私》（*Selfish*）一书，这是一本自拍写真集。许多消费者把它作为喝咖啡时的消遣读物，更多人则是在逛书店时偷偷摸摸地翻看这些性感的照片。

卡戴珊·韦斯特注视着镜中半裸的自己，眼神迷离诱惑，她的自拍照通过社交媒体传播给她的大量粉丝，并得到了即时回复和反应。从市场营销的角度来看，这种方式成功地建立起和粉丝互动的牢固纽带，比他们在名人杂志上了解她的故事更直观。（更多关于名人和市场营销的内容，见第 11 章。）追星者很难意识到这是市场营销，因为他们被名人光环冲昏了头脑。卡戴珊是最成功的渔夫（或渔妇？），一次能让 5 000 万名粉丝上钩。这种单向社会交换给粉丝们带来的直接情绪满足——似乎是双向的，因为观众能够进行评论——直达认知商的核心，重新界定了名人与粉丝之间的联系。卡戴珊·韦斯特能完全控制自己想要传达的自我形象。这种关系是她与追随者互动产生的，因为她在两者之间建立了联系。粉丝们经常收到她的最新自拍照（就像通过社交媒体收到一位真实的朋友照片一样），对其欣赏、判断、评论和分享，并把它融入认知幻想中。

下面，我们接着探讨认知商如何理解我们最喜欢的三个字母单词：nap（意为“打盹儿”）。呃，我指的是“性”。

第 9 章

性认知商值：

各有所爱

在探讨与情色有关的认知商之前，我先说明一点，我没有假装自己是性学专家或性治疗师，我所从事的工作主要是眼睛和视觉治疗。即便如此，我认为，自鸿蒙初辟以来，激情和性爱一直是人际交往和决策过程的驱动力，并导致各种错误认知、误会和谬误，反映了人们在这个领域认知商的高下。

我们的性幻想、我们区分真假的能力和我们的性行为反映了我们对社会和自我的认知。在某些情况下，人们对一些自然规律视而不见，如手淫常被看作是淫邪。其实这种观念和科学证据背道而驰并反映了低水平的认知商，这只是正常的生理需求，无关乎道德。这种否认态度实际上和地球是否是圆的、全球变暖是否存在这样的认知并无二致。对于那些心存非法和/或不道德（亵童、乱伦、强奸）幻想的人来说，他们认知商很低，他们对其他人和整个社会的潜在威胁不容小觑。

当谈到有争议的问题领域，比如色情、手淫、出轨、性取向、性变态时，我们在多大程度上突破了我们的信仰体系？在我们周围，无论是网络、电视、电影、广告，还是我们日常生活方方面面都充斥着大量有关性的内容，我们如何才能确定自己的认知没有被过度影响甚至被扭曲失常？在这一章，我们将探究与性冲动有关的知识，以及我们对它的认识如何引导或误导我们的认知商。

互联网：是性乐园还是虚拟所多玛和俄摩拉古城①？

如果你属于极少能抵制网络色情并评判那些看过网络色情内容的人，那不妨考虑一下以下统计数字（除非另有说明，指全球范围内）：

- 30% 的网络内容和色情有关
- 顶级色情网站每月独立访问人数达 3.5 亿（几乎相当于美国人口总数）
- 64% 的美国男性至少每月观看一次色情片（男性基督徒中的观看比例几乎相同）
- 18 ~ 30 岁这个年龄段的男性中，79% 的人至少每月观看一次色情片
- 31 ~ 49 岁这个年龄段的男性中，67% 的人至少每月观看一次色情片

① 所多玛（Sodom）和俄摩拉（Gomorrah）古城：另译为索多玛和蛾摩拉古城，是《圣经》中的摩押平原五城中的两个城市。这两个地方被认为是罪恶之城，那里的人所犯的主要罪行是淫乱，特别是同性淫乱。——译者注

- 55% 的已婚男性至少每月看一次色情片
- 三分之一的女性每周观看色情片

难以想象竟有这么多人在观看色情片！人们忙着下载清晰视频和图片，还要挤出时间赚钱养家、修剪草坪、上瑜伽课或和家人一起观看皮克斯公司的最新电影。这实在是够忙碌的。一说到性癖好、性趣和性好奇，我们幻想的内容只需动动手指就能得到——无时无刻，无所不在——只需敲几下键盘就能免费观看。这么多的淫秽东西像洪水一样泛滥成灾，无出其右者。全世界没有其他事情能像色情内容这么丰富而混杂，虽然这些充满情欲的图像、性梦和行为古已有之，各种情色图像也屡见不鲜，但不同的是，现在我们可以通过各种技术，轻松拍摄、录制、搜索和体验我们想去实践的所有美妙性事。

性感的古罗马人

几个世纪以来，人们对非法内容的认知发生了巨大变化。我们现在所认为的色情作品在历史上曾经以直观的方式或形式被呈现和被接受，这可以追溯到古希腊人和古罗马人所制作的陶器、酒杯、灯盏、珠宝等物品上对性的展现。当我们鼓起勇气，带着孩子们去博物馆并向他们介绍各种男女裸体雕塑时（通常是缺少手臂或鼻子），总会感到有些惶恐和尴尬。但是在古希腊人和古罗马人看来，性行为只是普普通通的日常活动，包括宗教庙宇和各种公共集会场所的厕所墙壁上的绘画（在以弗所[①]古城废墟中仍能看到）在内的裸体和乱伦绘画，所有人都视之如常。就此来看，这些古人的认知商非常高，因为他们并不认为人体和人的性欲是淫荡下流之事——无论是异性恋还是同性恋。事实上，意大利庞贝古城的浴室遗址（在公元 89 年火山喷发中湮没）所展现的艺术作品以今天的标准来衡量都是赤裸裸的性内容，而且它们还表明当时的人们使用一些玩具，比如假阴茎，来增加他们的性快感。因此，完全可以说，古罗马人对性事的态度非常坦然——或许他们根本无所顾忌，不以为然，他们举行聚众淫乱的狂欢宴会，与奴隶做爱等——他们甚至把他们的神描绘成淫荡好色之徒（甚至连宙斯也化身为公牛引诱女性）。

印度人的所作所为更是离经叛道。公元 2 世纪左右，一位名叫婆蹉衍那（Vatsyayana）的印度教哲学家创作了世界上第一部男女性学手册《爱经》（*The KamaSutra*）。除了提供生活和爱情方面的忠告外，《爱经》还详细描绘了人类几乎所有的性交姿势。这本书认为，性快感是健康生活和完美两性关系的必要条件，书中描述的各种性交姿势被认为是与伴侣一起获得精神愉悦的方法。

转变观念：以上帝之名压制

我们知道，对于肉体性欲，在许多古老文化中，如希腊人和罗马人，即使不是公开支持，也都持接受态度。但认知商是一个动态

---

① 以弗所（Ephesus）：古希腊小亚细亚西岸重要贸易城市。现仅存废墟，是土耳其一个著名旅游景点。——译者注

过程，历史上不乏社会和文化被控制的例子。随着人们教化程度的提高，见识越来越广，宗教信仰渗入并支配生活的方方面面，对文化的压制也发生了变化。

例如，维多利亚时代的英国文化回避性爱是为了获得快乐，教会认为所有与性有关的事情都是有罪的，除非它是专门为了生育的目的，甚至连节育都被禁止。具有讽刺意味的是，打压性行为反而使那个时期伦敦城的卖淫活动更加猖獗。在教会的约束和说教下，性交易活动却一直蓬勃发展。

自从清教徒在美洲大陆定居后，宗教影响导致了关于性的各种误解，特别是那些被认为与色情有关的东西，例如哪种性行为可以被接受，自慰是否对思维、身体或灵魂有害等。《圣经》在描述俄南（Onan）因为没有完成授精而受到上帝惩罚时，就非常小心谨慎（“onanism”这个术语常用来指自慰）。从那时起，牧师和传教士就宣扬自慰的罪恶，并警告说沉迷于此会导致可怕的后果。可以肯定的是，多年来，无数信奉基督教的美国人一直在被洗脑，他们认为自慰会导致下列恶果：（1）生殖器脱落；（2）失明；（3）跌入地狱。

贞操带的神话

时至今日，许多人仍然相信，中世纪时期的贞操带是为了保护少女的童贞，直到她们的骑士或领主通过合法的宗教婚姻仪式与其结为连理。但实际情况远非如此。贞操带直到 19 世纪才开始流行，当时，很多医生（甚至包括一些美国医生）主张年轻男性使用这个器具以防止手淫，因为他们认为手淫对身体有害，可导致精神疾病、心脏病或癌症。[①]（具有讽刺意味的是，事实恰恰相反：手淫已经被科学证实可以降低患前列腺癌的风险，它是一种生理需求。）同时，在那个时候，贞操带还广泛用于保护一些女工，以防止她的上司和同事产生非分之想。即便如此，你能想象这样一种情景吗？在一个闷热的夏日，某个可怜的男孩和他的朋友们跳进湖里享受凉意时还要在泳裤里戴着贞操带。

从 20 世纪 60 年代到 80 年代，耶稣会神父、媒体道德组织（MIM）创始人之一的莫顿·希尔（Morton A. Hill）发起了一些反对媒体色情内容的运动，甚至与约翰逊和里根政府合作，试图消除所有与性有关的内容。在这场声势浩大的运动中，希尔神父绝不是在单打独斗，许多其他宗教领袖和福音传教士（如杰里·福尔韦尔）将取缔色情内容视作他们的部分使命。多年来，宗教派系——尤其是基督教

① 在性和医学相关问题上，过去美国人有一些龌龊不堪的做法。20 世纪初，在加利福尼亚，根据一些家长的要求，对在激素作用下两性关系混乱的很多女孩施行过优生学措施（强制手术绝育）。1909 年到 1960 年期间，在“金州”加利福尼亚（对这些人来说，这里并不是淘金之地），接受绝育手术的人数达 2 万多人——包括那些患有精神疾病的男性，这个数字相当于整个美国优生优育措施人数的三分之一。

右翼——甚至采取了更加极端的行为，他们不仅要禁止杂志和电影中的色情内容，而且还对艺术家、作家、电视节目、电影和音乐的内容进行严格审查，确保其比纽约大都会艺术博物馆展出的内容还要安全。

认知商裁决：淫秽书籍还是情趣用品？

有一个问题一直很难回答：什么是色情？界定标准是什么？在我们的思维判断中，认知商起着关键作用。低认知商的宗教偏执狂会做出一些极端行为，他们会试图遮掩古罗马雕塑中女性乳房，查禁像《查泰莱夫人的情人》和《包法利夫人》这样的文学名著，在 CD 唱片、摇滚说唱音乐唱片套上贴上警告标签等。反过来说，当涉及贬低、侮辱或违背女性意愿的暴力行为中的女性形象时，还有任何与儿童色情有关以及其他令人发指的罪行时，女权组织反对色情的做法不无道理。

网络色情无处不在和触手可及，这对认知商有害吗？我认为，偶尔禁不住诱惑，在家中偷偷阅读或观看性内容满足性幻想，这完全符合正常认知商。但超越这个界限，虐待自己或他人（特别是涉及未成年孩子时），这就揭示了更深层次的性心理问题，可能需要某种形式的治疗。

性认知商很高是指观看和享受色情内容，放纵一下自己，偶尔随心所欲（当然超出了前面提到的情况），但前提条件是不沉迷于肉欲不能自拔，不能每天在电脑前浪费几个小时，让它严重影响个人的生活和工作。对于那些性认知商低的人，性幻想会带来扭曲的认知，这些人可能会超越界限，采取行动——这绝非好事。

管住你的手：手淫和认知商

我们的性冲动源自青春期，在那个阶段，激素在体内疯狂地迸发，但具有讽刺意味的是，我们的情商和经验却无力控制它。尽管我们的性癖好和感觉深藏于我们的DNA和大脑中，我们对性的认知却是在成长过程中形成的（根据弗洛伊德的观点，我们的性意识始于我们接触母亲乳房的那一刻），并受我们周围的人群、图像和环境的影响。著名性学专家露丝·韦斯特海默博士认为："在性方面，最重要的6英寸是耳朵之间的距离。"①

十几岁的男孩子常常会产生猥亵下流的想法，他们的性认知商特别低。他们那些可怕的幻想不着边际，而且非常强烈。一般来说，年轻小伙子会因为想到最新的YouPorn视频、性感的阿姨（当然是通过婚姻关系认识的）、妈妈的好姐妹、隔壁女邻居、咖啡馆女咖啡师、公交车站见到的女大学生、上生物课时坐在不远处的女同学，甚至是梅根·福克斯（Megan Fox）的热辣照片而进行手淫——所有这些很可能会发生在同一天！

自从1969年菲利普·罗斯（Philip Roth）的经典小说《波特诺的抱怨》（*Portnoy's Complaint*）出版以来，情况并没有什么改观。在这本小说中，亚历山大·波特诺（Alexander Portnoy）是一个痴迷性

---

① 6英寸约为15.3厘米，即人头部宽度，此处指大脑思维能力。——译者注

事的犹太裔男性，讲述了他在十几岁时的各种性幻想和性好奇。当时，姐姐的胸罩、棒球手套和一块生肝脏都能让他玩得乐此不疲。30年后，在电影《美国派》(*American Pie*)中，高中高年级学生詹姆士·雷文斯汀(James Levenstein)(杰森·比格斯饰)从苹果派中找寻性爱感觉——自波特诺以后，小伙子们至少从主菜转向了甜点。

我承认，几十年前我也不例外，也有青少年对性的那种迷恋。在我年轻时，我的好朋友基思(Keith)住在加州圣塔莫尼卡第21大街。作为年轻人，我们经常为街对面邻居、动作影星阿诺德·施瓦辛格(Arnold Schwarzenegger)洗奔驰轿车和摩托车。一天，基思告诉我，阿诺德提出要借给我们一部色情电影，他让我拿主意。我激动地说："哦，太好了！我们当然想借！"某个周六下午，我和基思穿过街道来到阿诺德房前，按响门铃。阿诺德打开门，用他那熟悉的口音微笑着说："来吧，伙计们。我去给你们拿。"他拿来一只褐色袋子，递给基思，说："好好享受，伙计们！"然后我们回到基斯家。我们一进他的房间，就拿出《贝多芬小姐的启蒙》(*The Opening of Misty Beethoven*)这部录像带。对于我们这些饱受激素折磨的青少年来说，能观看这部获奖电影就像中了彩票一样兴奋。那天深夜，基思和我在他家电视房里坐下，他的父母和兄弟姐妹都出去了。他把录像带放进放映机，我们看得十分过瘾，从头到尾都看得津津有味——我还暂停重放了几次，想搞清楚那些演员怎么能将自己的身体扭曲到如此怪异的体位。后来，我们还录像带时向阿诺德表示了诚挚的感谢。

我讲述这个故事不是为了某些粗俗的目的，而是想强调一点，生理需求会迫使我们在青春期时搜寻和性有关的东西来满足我们强烈的好奇心。如果你认为十几岁的女孩子对强烈的激素无动于衷那就错了，Covenant Eyes（一个互联网统计和过滤网站）的统计数据表明，10 个女孩中有 6 人在 18 岁之前接触过色情片，近四分之一的少女在线观看过性虐待热辣秀视频。十几岁的女孩子也经常手淫，有她们波特诺式的实验方式和恋物癖；我听过很多女人与杂货店里的物品亲密接触的故事。

马克·吐温大胆出位的演讲

1879 年，一位享有国际声誉的著名幽默作家在巴黎对一群思想开放的法国知识精英发表了题为“对手淫的科学思考”（“Some Thoughts on the Science of Onanism”）的演讲。这人就是伟大的马克·吐温——是的，《汤姆·索亚历险记》《哈克贝利·费恩历险记》和其他许多经典著作的作者——在对观众演讲时，他不无嘲讽地谈到了当时的禁忌话题，即手淫。他明确认为，这一自然生理反应没有过错。现今，这篇演讲收录于一部名为《马克·吐温谈手淫》（*Mark Twain on Masturbation*）的短篇绘本中，他还非常幽默地引用和修改了一些历史人物的言论。比如，马克·吐温打趣道，在《伊利亚特》（*Iliad*）第二卷中，荷马写道：“不手淫，毋宁死！”[①]还有一位叫作塞特瓦约（Cetewayo）的祖鲁英雄说道：“一次手淫胜过二鸟在林。”[②]

如果我们认为这些话在今天看来非常有趣和刻薄，想象一下在 1879 年时人们对此会有什么看法！当然，当时法国社会比美国社会更容易接受这些言论，吐温非常明智，他知道如何维护自己的名誉，这种言论取悦特定的观众。即便如此，在那个保守年代，吐温敢于承认并开玩笑般地谈论手淫反映了他绝地武士（Jedi Knight）般的最高层次认知商。

这是否意味着，我们的认知商水平取决于我们大脑中储存的性幻想电影数量呢？往深处讲，在某种程度上，我们都是变态者吗？我认为，只有在我们头脑混乱，全然不顾巨大风险把一些性幻想付诸行动并危及稳定生活时，我们才是性变态者。婚内出轨就属于这种情况——这种诱惑以惊人的频率毁灭了很多家庭。

代价不菲的不正当性行为

在 HBO 发行的电视剧《西部世界》（*Westworld*）（取材于 1973 年尤尔·伯连纳主演、迈克尔·克莱顿编剧并导演的电影，他尤其喜

① 《伊利亚特》是古希腊盲诗人荷马创作的两部长篇史诗之一，该作中“不自由，毋宁死！”的口号表达了对自由的重视和渴望。马克·吐温将这句格言戏仿为“不手淫，毋宁死！”——译者注

② 源于对谚语“双鸟在林不如一鸟在手”的戏仿。——译者注

爱动作主题电影）中，一些富裕的“访客”在西方场景中通过机器人“接待员”实现他们最隐秘的性幻想，这些机器人“接待员”具有超高仿真外形，观众一度很难分辨是真人还是机器人（或者分清彼此）。有了无限制的放纵，男女访客随意和机器人“接待员”性交（或强奸）和折磨（或屠杀）这些“接待员”，获得了各种变态的快感（服务费用不菲）——除了在某些时候，这些机器人“接待员”在上千次重新启动后还记得创伤经历，逐渐觉醒并获得真正的人类情感。这部电视剧是关于现实和幻想对比以及关于道德的思维盛宴，同时带来值得我们考虑的重要问题：如果已婚男人或已婚女人和一个逼真的机器人“接待员”做爱，这算是欺骗婚姻吗？对他人（非机器人）有性幻想能被接受吗？能有性幻想吗？男人永远不会因为幻想和妻子、超级名模进行三人乱交而遭遇离婚，但几乎所有人都会认为，如果一个妻子在对乔治·克鲁尼进行性幻想，使用假阴茎达到10次高潮，则是在欺骗她的丈夫。

令人吃惊的是，如今在美国，竟然有41%的夫妻承认一方或双方有过外遇。可以想见，如果所有接受调查的人都完全诚实，那么这个数字可能会更高。难怪电视节目和电影总是播放令人作呕的风流韵事，已婚观众总是看得津津有味，尽管这类丑事几乎都是以悲剧结局。下面是一些代表性的电视剧和电影。

电视剧：《丑闻》（*Scandal*）、《情妇》（*Mistresses*）、《玛丽·简的单身生活》（*Being Mary Jane*）、《傲骨贤妻》（*The Good*

Wife)、《婚外情事》(*The Affair*)、《离婚》(*Divorce*)、《逍遥法外》(*How to Get Away with Murder*)

电影：《双重赔偿》(*Double Indemnity*)、《危情瘾难耐》(*Addicted*)、《致命诱惑》(*Fatal Attraction*)、《不忠》(*Unfaithful*)、《泰勒·佩里的诱惑：婚姻顾问的忏悔》(*Tyler Perry's Temptation: Confessions of a Marriage Counselor*)

上述影视作品都涉及奸情，与《西部世界》不同，婚姻过失方偷偷进行不道德的热辣幽会时，他们会撒谎，掩盖证据，还会感到十分内疚。由戴安娜·莱恩（Diane Lane）（饰演康妮，在剧中她是一名欺骗丈夫的妻子）和理查德·基尔（Richard Gere）（饰演戴绿帽子的丈夫）主演的《不忠》这部电影，在全球达到1.19亿美元的票房收入。这并不奇怪，因为电影中的性爱场面十分露骨，具有挑逗性。这并不是一个“娇小姐”式的性幻想，只会刺激很多夫妻公开进行色情而又危险的行为，甚至在公共走廊内模仿此举。尽管剧中角色最后的命运非常可怕（我不会向没有看过这部电影的观众剧透而毁了这部电影），但我敢用一包藜麦薯片打赌，大多数夫妻在电影结束后回到家，会“砰”的一声关上卧室门，插上门闩，模仿剧中情节做爱。

看完像《不忠》那样的热辣电影后，激情做爱的情侣们的认知商是低还是高？我认为，他们的认知商很高，因为他们能对性幻想有正确的认识并将其融入浪漫生活，往往能避免对婚姻不忠的冲动。心底之痒被抚平，双方都有了愉快的高潮体验，也没有伤害他人。在真正的《西部世界》主题公园开张前——可能不会像我们想象得那么久远，我们都应该通过健康的高认知商来维持我们婚姻关系的热烈和完整。

无伤大雅

虽然在这一章我以自己的参照系谈论了异性关系的认知商问题，但下面我想谈谈很多耿直的人对不同性偏好的人的误解和偏见。

1985年，身高一米九的好莱坞男星洛克·赫德森（Rock Hudson）因患艾滋病离世，各类小报将其作为重大事件竞相进行了长篇累牍的报道。作为第一例公开曝出可怕（当时通常是致命的）疾病的著名公众人物，赫德森成为肮脏的头条新闻和众多无知观众过度反应的牺牲品，大众对其深感震惊和厌恶，"洛克”这个男子气十足的形象——几十年来，他曾追求过女演员多丽丝·戴（Doris Day）和其他知名女星——在他们看来身败名裂。很多观众们把他视为从好莱坞型男变为好莱坞堕落的象征（如同性恋）。考虑到这些极端反应，我们可以理解为什么这么多年来，赫德森一直把他的隐私隐藏得如此之深。正如他所宣称的真爱、股票经纪人李·加林顿（Lee Garlington）所说："任何思维正常的人都不会这样做……这无异于自毁前程。"

许多被认为是男同性恋、女同性恋或双性恋的明星都巧妙地避免暴露自己的性取向来保持自己的形象，这些人包括蒙哥马利·克利夫特（Montgomery Clift）、保罗·林德（Paul Lynde）、玛琳·黛德丽（Marlene Dietrich）、葛丽泰·嘉宝（Greta Garbo）、约瑟芬·贝克（Josephine Baker）、迪克·萨金特（Dick Sargent）、罗伯特·里德（Robert Reed）·雷蒙德·布尔（Raymond Burr）、凯瑟琳·赫本（Katharine Hepburn）、伦道夫·斯科特（Randolph Scott）、芭芭拉·斯坦威克（Barbara Stanwyck）。以前，好莱坞的同性恋明星比人们所意识到的还要普遍。一些书籍，如史卡特·鲍维尔斯（Scotty Bowers）的《全套服务：我的好莱坞经历和明星们的秘密性生活》（*Full Service*）、博泽·哈德利（Boze Hadleigh）的《进进出出》（*In and Out*）都揭露了好莱坞影星的惊人逸事。在他们的职业生涯中，如果男演员性取向不正常的事件被泄露出去，他们的公众形象无疑会大打折扣，影迷们也会对他们嗤之以鼻。

过去（有时也包括当今）时代的人，尤其是狂热的宗教人士，他们的认知商很低，因为在他们看来，男同性恋和女同性恋对道德社会构成威胁，对年轻人有害无益——就好像性取向是某种传染病，可以被加以约束或控制。一个多世纪以前，奥斯卡·王尔德（Oscar Wilde），这位才华横溢的剧作家（代表作《认真的重要性》）、小说家（代表作《道林·格雷的画像》）、诗人、童话作家和才子，不仅因为他的同性恋倾向而受尽嘲笑污蔑，还因此遭受牢狱之灾。他的粉丝和支持者纷纷抛弃了他，这位艺术家处境窘迫，郁郁而终。

值得庆幸的是，自从奥斯卡·王尔德那个时代以来，甚至在洛克·赫德森悲剧离世之后的岁月里，人们的观念逐渐发生了很大的变化。现在的演员、音乐家和艺术家都敢于骄傲地公开自己的性取向，神态自若，这完全得益于很多人付出的巨大名声（和其他方面）代价。我们要感谢这些人和其他影响力巨大的公众人物：艾伦·德詹尼斯（Ellen DeGeneres）、艾尔顿·约翰（Elton John）、乔治·竹井（George Takei），尼尔·帕特里克·哈里斯（Neil PatrickHarris）、旺达·塞克斯（Wanda Sykes）、内森·连恩（Nathan Lane）、伊恩·麦克莱恩（Ian McKellen）、大卫·海德·皮尔斯（David Hyde Pierce）、雷切尔·玛多（Rachel Maddow）、西蒙·卡洛（Simon Callow）、朱迪·福斯特（Jodie Foster）、嘎嘎小姐（Lady Gaga）和莉莉·汤普琳（Lily Tomlin）。

我们已经取得了很大进步，但世人对男女同性恋群体的错误认识和偏见仍然存在。在学校里，我们仍然可以看到孩子们用“fag”和“lezzie”这样的字眼嘲笑那些他们眼中的同性恋。很少有政治问题能比同性恋婚姻更具争议性，当谈到婚姻的象征性神圣意义时（不管其意义是什么），好像同性恋婚姻的正式仪式和婚姻证明会践踏我们的认知商。对于这种考虑欠妥的思想认识，身为歌手和小说家的金基·弗里德曼（Kinky Friedman）打趣道：“我支持同性恋婚姻。我认为他们有权利和我们其他人一样生活苦闷。”如果我们的认知商很高并且对自己的性生活很满意，对于与我们的性倾向不同的人和事，不管是什么，我们都没有理由感到不快。

引人注目的奥运会冠军和认知商

2015 年 7 月，《名利场》杂志刊登了一篇有关一位名叫凯特琳·詹纳（Caitlyn Jenner）的变性女子的封面故事。她就是大家耳熟能详的世界著名运动员布鲁斯·詹纳：奥运会冠军、产品代言人、电视真人秀中的爸爸和曾经的《花花公主》模特。这个事件一经披露令数百万人错愕不已，大家都无法接受名为“凯特琳”的这个女人和那个男子气概十足、充满活力的 1976 年十项全能奥运会金牌得主、“惠帝斯”麦片代言人是同一个人，“惠帝斯”麦片盒上还曾印有布鲁斯投标枪的图片。虽然家人、朋友、名流、运动员和粉丝都在推特上公开表示支持，但更多的人在背后指指点点——甚至还有一些人当面嘲笑她。亚太第一卫视（One TV）主播、福克斯新闻的尼尔·卡夫托（Neil Cavuto）甚至在电视中对凯特琳·詹纳含沙射影地挖苦，称“查尔斯·佩恩”为“夏琳·佩恩”。[①] CNN 主播卡罗尔·科斯特洛（Carol Costello）也极尽讽刺之能事，她“遗憾地”回忆说，“詹纳先生的男人体格一去不复返了”。《尼克国际儿童频道》（Nickelodeon）前明星德瑞克·贝尔（Drake Bell）在推特中犯了严重错误，“很抱歉……仍然称你为‘布鲁斯’”这句话在网上引起了轩然大波。

认知商引导我们在第一时间形成对他人的印象，但这些印象也会发生变化并随着时间推移而固定下来。在凯特琳这件事上，作为一名变性女子，她和人们所固有的男子十项全能冠军布鲁斯·詹纳印象相去甚远，因此直到现在还有人不理解，无法将两者联系起来，并表示永远不会接受这个事实。虽然凯特琳自己也没有祈求得到人们的认

① “查尔斯·佩恩”（Charles Payne）为男性名字，“夏琳·佩恩”（Charlene Payne）为女性名字。尼尔·卡夫托故意将前者念为后者，看似口误，实则是讽刺挖苦。——译者注

同，但事实上，因为她表现出来的勇气，她被授予各种奖项（这也成为一些人争论的话题）。

由凯特琳·詹纳引发的变性问题，在全国引起了关于学校卫生间和公共厕所的争议。变性男人应该进女卫生间，还是男卫生间？如果卫生间只允许那些拥有“正确器官”的人使用，应该由谁来检查这些私处器官呢？对于那些性观念极端保守的人来说，他们非常在意此事，因为他们（和他们的孩子）可能已经使用了变性人经常光顾的卫生间设施，但他们却从未怀疑过有什么不对（更重要的是，从未发生过什么事情）。

作为一种折中措施，现在许多学校和机构设立了中性卫生间，并用标志区分那些想如厕的人。具有讽刺意味的是，这可能是最干净、最安全的卫生间。在很大程度上，应该感谢凯特琳·詹纳——对于那些具有高认知商并且愿意接受她的人来说，她是勇敢的象征。其他那些认知商很低的人仍然会抱着偏见不放，认为她是一位奥运冠军变成的“超级怪胎”。

我们必须离开充满罪孽和诡谲的这一章，继续探讨为什么我们总是渴望得到昂贵、稀有和超出我们支付能力的东西。这不是指什么珍贵的羊，而是来自另一种不同动物排泄物的稀有之物。

第 10 章

梦寐以求：

难挡猫屎咖啡和限量产品的诱惑

你是否曾经极度渴望得到某件物品（或某个人），但又知道它（或他 / 她）可能难以企及？它可能是一辆新款豪车、一件珠宝饰物，或是一位可遇不可求的佳人。一些难以拥有的东西只有通过付出艰辛努力才能获得，但为什么我们会对此孜孜以求呢？那些好不容易获得的东西真的具有你所想的价值吗？拥有它之后就能显著提高生活质量吗？或者你只是陷于欲望迷雾中想得到你没有的东西而无法自拔？

当我们认为某个东西十分罕见或难以获得的时候，我们反而更想拥有它，这是人类行为的基本原则。如果我们认为某个机会难得，这种机会似乎更加珍贵。的确，很多研究证明，如果我们认为一些东西非常稀缺、特别或难得，我们对其价值和吸引力的认知就会急剧上升。在这个问题上，即便那些认知商很高的人也不能免俗。

在伦敦的咖啡馆里，人们经常花相当于 100 美元的钱买一杯麝香猫咖啡。这听起来充满了异国情调，味道醇香，就像早晨用于提神的燕麦麸松饼一样——但它究竟是什么东西呢？请做好思想准备：它是猫屎咖啡。是的，你没看错。麝香猫咖啡是以非同寻常的方式制作的（也可以说是非常恶心的方式，这取决于你的看法）。在亚洲，有一种奇怪的夜行动物名叫椰子猫（即“棕榈猫”），它们把整个咖啡果吃下去，只消化掉这个果子的外部果肉。人们把这种稀有、可爱、有时被人虐待的动物的粪便从地面上捡拾采集起来，清理掉粪便物质（我不会做这种工作），制成深受欢迎的咖啡豆，在世界各地高价出售。如果你想从猫砂盆里筛选湿漉漉的猫粪便，你要注意，椰子猫与家猫完全不同。在我看来，这些动物更接近狐猴和浣熊的杂交物。

在第 6 章，我们讨论了一个令人难以理解的问题，为什么有人会愿意花 2.8 万美元买一块烤奶酪三明治。在这个严重错误知觉和人们花大价钱购买芬芳的猫屎咖啡之间，是否有认知商在起作用？或许是的，但当人们大手大脚地花钱购买完全没有必要的东西时，不同的想法、情绪和错觉同样令人心神不宁。

我想要，现在就想要：椰菜娃娃和豆豆布偶

一件物品的“稀缺性”会增加我们拥有它的欲望，同时非常不利地改变我们的判断。当我们想到某个珍贵物品，我们就回归到孩子般的欲求和期望，所有理智的想法都被抛诸脑后。如果某件东西价格不菲和 / 或不易获得，我们就会认为它非常稀缺。通常，那些认知商低的人很可能会禁不住诱惑购买，因为他们没有觉察到是什么让他们做出了决定。然而，即使在大多数事情上认知商高的人，当他们对昂

贵、光鲜、闪亮的东西非常向往，念念不忘时，也会为之纠结不已。

这里所说的东西最明显的例子是金和银，可以用于制造无数亮丽夺目的器物。人类造物之初就一直在寻找和珍藏这些金属，因为它们并不会奇迹般地从天而降。如果另一个星球上的外星人能像我们种甘蔗一样种植和培育金银，我敢打赌，人们会认为这些珍贵的金属毫无价值，充其量也就是具有和小熊软糖一样的价值。

人们常常听说或读到某种诱人的产品时，对其并不完全了解，不知道它是否制作精良，物有所值。因此，人们通常简单地判断——比如价格昂贵或数量有限——它是否具有价值。如果大家都想得到某件新潮的圣诞玩具，那么它一定很好（即使实际上它非常普通甚至更糟）。许多人都记得，几年前椰菜娃娃和豆豆布偶引起的抢购之风。在这些时尚潮流的巅峰时期，这些东西对孩子们特别重要、在他们的父母看来值得珍藏，就是因为它们奇货可居、价格不菲以及人们认为这些东西物有所值。如果一个小孩子没有椰菜娃娃或豆豆布偶礼物，整个假期里估计少不了哭鼻子抹眼泪。

成年人对一件物品的强烈感觉，无论它是一款新式跑车、一部 iPhone（苹果手机）、一台精致的平板电视和影音系统、一条昂贵项链或者一杯猫屎咖啡，和孩子们对椰菜娃娃的渴望是一样的。一旦我们认定必须要得到它，因为它昂贵稀缺，能显示身份地位或者是需要在商店里抢购而来，我们的欲望就会异常强烈，我们的低认知商无法保护我们——也不能保护我们的信用卡账单。

如果成名发财的机会极少和 / 或带有一定的风险，那么它就更有价值了。十几岁的青少年对于他们不能或不应拥有的关系和物品都非常渴望，就是因为它们很难企及。罗密欧和朱丽叶被爱情冲昏了头脑，至少部分原因是他们两个家族之间存在的世仇。他们很清楚他们两人的关系很危险，这反而让罗密欧在和他的梦中情人在阳台上幽会时更加兴奋。如果蒙太古（Montagues）与凯普莱特（Capulets）两大家族能在那不勒斯一起度假，我很怀疑他们的后代还会彼此吸引。经常告诫一个少年不要抽大麻通常会适得其反，因为这反而会激起他的强烈好奇心和对大麻烟卷的渴望（这并不是说我鼓励你可以和孩子们一起用水烟壶吸食大麻）。如果某本书是禁书，我们很可能赶紧去买本翻印版（或者悄悄地下载该书）。[①] 某位陪审团成员如果被要求忽视某个证据，她很可能会对这个事情耿耿于怀，她的好奇心会影响她对整个案件的判断。当我们处于低认知商状态毫无防备时，我们经常会被好奇心驱使。

为什么不只是年轻人才感到厌倦？

你大口喝完了 100 美元一杯的猫屎咖啡，也就是麝香猫咖啡；在刺耳的轰鸣声中，你开着新潮法拉利绕着街区跑了好几圈；在你死党的婚礼上，你炫耀了限量版蒂凡尼钻石项链；你甚至在新版苹果手机

① 20 世纪 60 和 70 年代，《我的好奇之黄》（*I Am Curious Yellow*）、《罗马帝国艳情史》（*Caligula*）和《深喉》（*Deep Throat*）之类的电影被评为 X 级并被禁止在影院上映，人们却对它们趋之若鹜。（一个有趣的梗是，在普利茅斯，一些精明的营销人员在 20 世纪 70 年代将一款跑车命名为“好奇之黄”，据说这是在取笑公司管理机构，因为这个名字未被审查机构觉察并获得批准。）

发布那天通宵排队抢购……

在欢庆圣诞节时，人们常常见到这样典型的节日后场景：圣诞树周围就像战场一样，到处都是撕破的包装纸、包装盒、塑料盖和未启封的使用手册。遍地都是散落的、被遗弃的玩具，就在不久前，孩子们在欢喜的尖叫声中打开了这些礼物："妈妈，你是最好的妈妈！这是我最快乐的一天！"

不管渴望玩具的孩子还是期望得到超出自己经济能力的物品的成年人，事后效应是一样的。它可能持续几个月、几个小时、几天，甚至只有几分钟，但一旦得到了梦寐以求的东西，我们就开始感到失望。儿童很快就对玩具感到厌烦，认知商较高的成年人如梦初醒，开始客观思索他们购买物品的真正价值。认知商越高的人，购物后就越感到懊悔。你或许会不相信自己。我刚才花了 100 美元买的一杯猫屎咖啡，撒泡尿就没了？我真是一个傻瓜。根本不值得。哦，伙计，我肚里咕噜咕噜响。我真想在土上撒泡尿，然后用我的爪子刨土把它盖住！

可悲的是，在购物时我们并没有清晰的主见，只能事后后悔不迭。一旦宝贝东西入手，我们才缓过神来（并不总是这样）并意识到我们的所作所为。我们会觉得自己太愚蠢、太浪费、难为情，感到很烦躁和上当受骗。我们把它的价值放大到必须购买的荒谬程度，严重的错觉远远超越了现实情况。

希望下次我们能做出明智的决定，对吧？错了！我们在购物时，大脑中的多巴胺噼里啪啦作响，那种感觉令人振奋，以致我们会完全忘记上一次购物时有多么愚蠢。我们只下意识地记得像孩子般的欲求和得到的喜悦，却完全不顾以前金钱的损失和事后的失望。我们永远不会汲取这个教训，因为我们太喜欢这些感觉了，下一次我们还会像孩子那样去思考和行事。我们的认知商太低，通常这样给自己开脱：猫粪咖啡？这是个新产品，和其他咖啡完全不同。甚至更好！这一次我买猫屎浓咖啡——我就是想尝尝！这是为买方的懊悔寻找借口。

避免这种诱惑的最好方法是，当你走进你常去的商店时，把你的信用卡交给你的配偶或好友保管。你可以先拍个照，在你的认知商稳定下来时再决定是否购买。时间是你的益友：你远离某件物品越久，你就越可能避免冲动消费。由于网购只需点击几下鼠标就能完成，因此应该少花些时间浏览网页。

造物神力的错觉

我们都喜欢恶作剧礼物或新奇的玩意儿，但是这些稀奇古怪的东西为什么会流行并成为数百万美元的时尚却无法用逻辑解释。我们对这些奇奇怪怪的东西的喜爱可以从我们的童年找到根源。许多成长于20世纪70年代的人，都有阅读《阿奇漫画》（*Archie*）、《小富豪里奇》（*Richie Rich*）和《蜘蛛侠》（*Spider-Man*）等动漫书的美好回忆，深深地被一些稀奇古怪的物品的广告吸引。那时，只要花上1.25美元就能买到装着海猴子的水族箱。这些令人惊叹的“即时宠物”——在广告宣传中，海猴子像外星人一样咧嘴笑着，长着和人相似的身体——似乎是无中生有。你所要做的就是加自来水，瞧！——这些神奇的生物自从出生后就能在水箱里游弋，能够接受各种“训练”。

想象一下：如果你是一个小孩子，父母不许你养狗，养猫，养鸟，甚至不许你养沙鼠，那么你可能会花上微不足道的 1.25 美元体验海猴子的生命过程。当时很少有孩子们意识到，海猴子其实不过就是把丰年虾和化学物质混在一起，形成一个培育环境，然后加水来让它“从休眠中复活”。很抱歉，我戳破了仍然相信海猴子的那些人的幻想，但请相信我，这是一个可笑的科学实验，目的是赚取你辛苦卖报纸挣来的钱。最后我想说的是，这些生物就像浮游生物一样可以被训练——招人怜爱。

在孩提时期，我们的认知商很低，很容易受到广告炒作的影响。我们的想象力和尚未形成的自我认知都不受羁绊，无所拘束。因此，我们很容易被愚弄，认为完全能创造出全新的生命，然后把它们当作宠物。

我们之所以被这些愚蠢的漫画书蛊惑，幻想自己无所不能并不是唯一的原因。一些人可能会对声名狼藉的特殊“X 光眼镜”广告记忆犹新。只花一美元，比海洋水族箱还要便宜 0.25 美元，就能透视别人衣服，偷窥他们的裸体——这在互联网上各种裸照比比皆是之前的那个年代，对于那些深受激素刺激的青少年真是莫大的福音。这个玩具也是由海猴子以及其他玩噱头的各种玩意儿的“创造者”哈罗德·冯·布劳恩（Harold von Braunhut）发明的，完全是个恶作剧（视镜是用硬纸板做的，在上面钻上透视小孔），很多年轻买主深信，戴上这种眼镜后，不仅能有 X 光透视能力，而且只需要花一点点钱就能获得这种不可思议的能力，这点钱仅仅相当于一周的零花钱。那些被蒙骗购买X光眼镜的人很容易上当，但他们并不愚蠢。在易受影响的思维状态下，他们的认知商很低（我相信有些大人也预定了这种眼镜），而且愚蠢地相信X射线可以使他们透视衣服。为什么会造成这样的局面？这个问题的答案很简单：偷窥别人衣服下面的身体的欲望非常强烈，他们完全失去了逻辑思维，满脑子都是不切实际的幻想。

在更深层次上，这种眼镜会让他们幻想自己拥有超能力，甚至可能给他们广告中没有提及的其他潜在能力。不容否认，正是睾丸激素刺激了X光眼镜的销量。想想第9章提到的网络色情的巨大海啸般的影响力就明白了。

花招：电子唱歌鱼

唉，即使随着年龄的增长变得更明智，我们仍然很容易把钱花在一些新奇商品和廉价产品上。不管是否意识到，我们都在不停地为那些毫无意义的小玩意儿买单，成为各种商家操纵和利用的目标。可能在很多问题上我们都非常理智和精明，但在区分需求和需要，应该遏制购物冲动时，我们的认知商却很低。有时，买东西只是为了填补童年因穷困（或因宠溺）而造成的精神空虚。还有时，正如我在下面将要解释的，围绕这些物品的各种炒作是因为我们孩童般的性情而存在。

一些非常诱人的物品，如假牙和经典的格劳乔（Groucho）眼镜，总是被人们用来作为恶作剧礼物。最近，一些低劣的发声恶作剧礼物，如假声公仔玩具和让人生厌的、唱着“带我去河边”（“Take Me to the River”）的电子唱歌鱼在节日派对和生日聚会上屡见不鲜，每次打开礼物时都会引起哄堂大笑。

偶尔买一些恶作剧礼物来逗乐或为聚会增加点乐趣，这当然很好。但是，怎么能强迫别人购买脱水的水（“只需加水”）[①]、“奇亚”宠物[②]、美女腿灯（来自电影《圣诞故事》）、石头宠物、厕所迷你高尔夫[③]或伞帽呢？信不信由你，很多商家从这些鬼把戏中赚得盆满钵溢，他们知道总有客户心甘情愿地购买这些东西。

新奇物品的广告会打消你的疑虑，降低你的认知商。你可能经常看到一些商业广告、网上弹窗广告、斯宾塞礼品公司（Spencer Gifts）广告或电视广告。“销量超过五百万”“数量有限”这种推销话语让你按捺不住要去买。你必须得买到它，因为它出现在各类广告中并被众多买家认可。你迫切想在你的亲戚、朋友和邻居面前炫耀一番。你会想，鲍勃叔叔不是喜欢戴着滑稽的钓鱼帽去钓鱼吗？如果我送给他一

---

① “脱水的水”：美国伯纳德食品公司生产的一种罐装“饮料”，只需将罐内物质倒入水中，搅拌使其溶解后即可饮用。即便很多美国人也认为，这根本不是什么饮料，纯粹是一种噱头。——译者注

② “奇亚”宠物：即“Chia Pet”，“Chia”即“奇亚”，学名芡欧鼠尾草，是一种薄荷科一年生植物。“奇亚”宠物是指在陶俑人物或动物体形上栽种奇亚草籽，让其自然生长成人物或动物形状。——译者注

③ 厕所迷你高尔夫：亦称“马桶球场”，是一个微型高尔夫球场，便于人们在卫生间蹲马桶时练习打高尔夫。整套装备包括一个迷你高尔夫球场、小旗、一个塑料杯、一个迷你球杆和两个高尔夫练习用球。——译者注

个会唱钓鱼歌的电子唱歌鱼作为生日礼物，他一定会欣喜不已！

我们都会向别人炫耀自己犯傻购买的礼物——无论是买给自己还是自己收到的礼物——而遭到别人白眼和嘲笑。对于认知商尚可的人来说，这会让他们从现实中警醒，因尴尬而脸颊通红。而那些认知商很低的人可能不会注意到别人对他们地下室、车库或办公室里堆满的这些“收藏品”的反应，在下一次庭院旧货拍卖会上，这些东西将一文不值。

在本书写作之时，深受孩子们追捧的玩具是指尖陀螺（Fidget Spinner），这个塑料手掌玩具能够缓解无聊，据说还有助于纾解压力，提高注意力。如果只是因为“别人都有”就要买，那么认知商太低；如果是为了获得前面提到的各种益处，并且真的有益，那就是另外一个认知商问题了。

游客的低认知商

当我们外出度假时，“必须买”这样的场景尤其普遍。当我们开始一次久违的假期，想好好休息和放松一下时，我们的精神非常放松，会花钱买各种各样平时不会买的东西。当我们过度沉迷于“假期思维”时，我们大多数人的认知商都很低。

下面这个场景我们可能非常熟悉。一家人从纽约驱车前往佛罗里达，开了一个半小时后，大家需要在服务区休息一下，因为小儿子迫切想去小便。全家人从越野车上下来，走进服务区。出来时，大家都溜达着穿过礼品店——礼品店通常位于洗手间旁边——等待家人。你还没有注意到，爸爸和妈妈已在柜台为每个家庭成员挑选东西：杂志、填字谜书、疯狂填词（Mad Libs）、魔术卡片、放屁坐垫[①]、雪晶球、石头宠物……哇，怎么会这样？

在我们出发去度假那一刻，就完全进入了精神放松状态。没有了工作压力，我们不必再保持警觉。我们希望每个人都快乐，很乐意花钱买些不必要的东西。另外，孩子们有了他们想要的东西就会玩个不亦乐乎（如我们所愿），不会纠缠爸爸妈妈，或者在迪士尼动画片结束后打闹个没完。

在旅途中，假期所带来的低认知商很可能不会改善。事实上，我们的假期时间越长，认知商降低得就越多。当我们穿着短裤和 T 恤在小镇上散步，第一次看到橱窗里的精美手表时，我们可能会抵制住诱惑。但是我们会对这只手表念念不忘，总觉得可能错过了机会就买不到了——尤其是以“减价”价格购买。当我们第二次或第三次闲逛走过橱窗时，我们会感觉手表在“召唤我们”，我们这样给自己找借口，“这有什么呢？——我这是在度假啊！”我们在“度假区”迷失了自我。

我们之所以在假期会有购物冲动，不仅仅是想用闪亮的小玩意儿“贿赂”孩子们，让他们表现得乖一些。如果我们没有良好的认知商，它就会暴跌，让我们欣然陶醉于温暖而迷幻的假期感觉，让我们在后面的假期中不停地买买买。度假的人都热衷逛店购物。只要不去浮潜或日光浴，我们就会在当地特色店、专卖店和服装店里漫无目的地闲

① 放屁坐垫：一种整人的玩具，坐下能听到像放屁的声音。——译者注

逛。开始时，我们还觉得这非常有趣，但我们没有意识到，当进入一个平静梦境时，我们就会很放松地花钱，认知商荡然无存。没有人愿意度假后空手而归，除了给家人带礼物，没有给自己买礼物。为什么不买点东西呢？当地礼品店里每样东西都比家里的好得多——不是吗？所以你从酒店购买（或“借用”）浴袍，购买主题口杯、小酒杯、衬衫等。那些在当地购买的真正“本地原产”物品——缅因州的枫糖浆、百慕大群岛的朗姆酒、路易斯安那州的辣椒酱——会让人产生错觉，认为回家后这些东西都买不到或在当地买的质量更好，因此非常值得购买。然而，你在海滩度假时购买的多层彩沙瓶放在你浴室里真的好看吗？

在那些每到加油站都“想买”纪念品的孩子们面前，我们真是不折不扣的傻瓜：在纽约买迷你自由女神雕像；在费城买小型自由钟；在波士顿买保罗·热维尔（Paul Revere）涂色书；在华盛顿特区买总统益智玩具。（是的，我承认我和女儿也犯过认知商方面的重大过错。）我们会辩解说，这些物品有重要的教育价值，完全应该购买。但是，到头来，正是这种身处异地的经历使我们的认知混乱，让我们把辛苦挣来的钱白白浪费掉。

我并不要求你度假时把信用卡锁在旅馆保险箱里（尽管对一些人来说，比如在拉斯韦加斯旅游的人，这不是一个坏主意）。每隔一段时间奖赏一下自己，禁不住欲望而购买一些误认为“需要”的东西，只要花销在经济承受能力之内，这未尝不可。（我给你下一次度假提个建议：如果有人兴奋不已地邀请你参加分时度假推销，我建议你以打破尤塞恩·博尔特百米世界纪录的速度赶紧逃走。[①]）但是，有一点很重要，你要认真考虑一下，当你身处五彩斑斓的礼品店，是否因为受到环境影响而放松警觉才去购物的？不妨问问自己：如果在你家当地加油站便利店货架上可以买到同样的物品，你还会掏钱买吗？

在下一章，我们将研究人群如何影响个人的消费习惯、决策过程和行为方式。

① 你或许会为这个建议而感谢我。

第 11 章

人类和肯尼亚角马的区别：

社会影响力的驱动

在肯尼亚，我有机会亲眼看到了一种独特的同类群体压力。当时，我正在非洲旅游。观察动物时，我发现有一种被称为“角马”的长胡须羚牛，它食量惊人，体形健硕。大约350万头角马从肯尼亚的马赛马拉大草原（Masai Mara）向坦桑尼亚的塞伦盖蒂平原迁徙，我眼前的这些角马只不过是一小部分。很明显，在周围的狮子、老虎、猎豹和其他肉食动物看来，这群旷野中行走的角马无异于一顿丰盛的自助餐，让它们垂涎三尺。即便如此，在这个群体中，也许会有一头角马习惯于我行我素，不愿和它的同类在一起，它心想：“呃，不，谢谢，伙计们。我可不想成为其他动物的角马大餐。”

不管你是否意识到，我们和这些盲目随大溜的角马有很多共同之处（后面我会再谈DNA问题）。尽管你用两条腿走路，有双手，但别以为你就比那些四条腿的动物高明。和角马一样，自从出生起，你就受到社会群体的影响。

当你还是个蹒跚学步的孩子时，如果你的妈妈、爸爸和姐姐放声大笑，你会跟着笑，即使你并不明白这些“冷笑话”；上小学后，你要么会和大家一起嘲笑那位不慎在众人面前摔倒的同学——碰巧洒了班上最受欢迎的女孩一身饮料，要么你就是那个不幸跌倒的孩子，遭到别人的奚落和嘲讽；长大后，在大学聚会上，你先是犹豫片刻，但最终还是参加同伴的活动，声讨校园里的各种不公平，虽然你并不太明白原因；成年以后，在工作中，在老板在场的一次小组会议上，你和其他人一样对老板欠妥当的构想点头表示同意，尽管你在内心深处对他的活动方案持保留意见。

对领导者言听计从的做法是由许多情绪需求引起的，主要是恐惧担心、规避风险以及渴望被认可。服从给我们带来了直接的个人确认感；作为集体中的一员，我们会获得安全感，也许我们会感觉很放松，不会给同事或主管留下把柄。从心理上来说，当我们向大多数人让步的时候，我们会为之找到合理的解释：“好吧，既然很多人都同意……也许他们是对的，我不这么想是不对的。”有时，随波逐流更有安全感。

对社会影响力的认知商很低，这可能是福也可能是祸，要视情况而定。如果你认知商很低，作为一名大学生加入学生们的宣传游行，向学校请愿，纠正教职员工中的性别不平衡问题（即使你对此从来没有真正考虑过它），那么你有幸做出了正确的历史抉择。然而，如果你认知商很低，却跟随潮流参与关于学校食堂提供的有机奶酪和转基因奶酪之间的对峙——并发展成为向院长办公楼扔烤奶酪三明治的行为——好吧，那么你的低认知商会让你沦为和电影《动物屋》（*Animal House*）中的布鲁托（Bluto）一样的人。

在《影响力》一书中，罗伯特·西奥迪尼断言："毫无疑问，当人们不确定的时候，他们更有可能通过别人的做法来决定他们自己应该如何做。"西奥迪尼幽默地称此为"有样学样"。在这方面，精明的营销者和广告商非常善于利用我们的低认识商。如果认知商较高，人们就能有意识抵制这种情形，因为他们的自我意识和洞察力能看穿"有样学样"这种现象。但是，认知商低的消费者倾向于选择有很多追随者或代言人的产品或服务。如果某个电视广告展示在一个能容纳 5 万人的体育场内，大家都在喝百事可乐并为之欢呼不已，在家里看电视的低认知商的观众会下意识地想："可口可乐不会这么好喝"，并放弃尝试这个竞争性的产品。

在 2014 年一项名为"社会默认值：所见即所选"的研究中，研究人员称这种自动过程为行为模仿。设想一下，有相邻的两家餐馆，一家门庭若市，另一家门可罗雀。如果两家设施不分高下，菜品和定价差不多，你会去哪一家？你很可能会去人多拥挤的那家，因为你觉得这家餐馆得到很多顾客认可。事实上我们所有人都会这么做。你可能不会想到，这么多的食客可能是由团购促销或其他隐形因素所驱动的。为什么很少有人会想到，应该去那家人少的餐馆，因为顾客少，服务反而会更快、更好？

几乎没有人会建议你不要从众。在一个人数众多的群体面前，你会因为压力被迫顺从，甚至因为不合群而感到焦虑，虽然随大溜并不一定会有明显好处。既然如此，你怎么判断应该什么时候从众呢？接下来，我们会发现，在我们的判断中，低认知商可能是积极因素也可能是消极因素，这取决于什么样的社会影响力在起作用。

你我皆星辰，还是你我欲壑难填：《上帝之子》（1969）与《怒斥厕所》（1999）[①]

如果你属于婴儿潮一代，很可能会听过1969年伍德斯托克音乐节（Woodstock Festival）的原声音乐，或看过同名奥斯卡获奖纪录片[②]，或这两个都没有错过。你本人或者你的熟人中有人参加了在纽约州贝瑟尔小镇（Bethel）的一个农田里举办的这次伍德斯托克音乐节，见证了音乐史上的这段经典场景：32个红极一时的现代歌手和乐队在40万人面前纵情表演（原本估计观众只有4万人左右）。除了由传奇音乐人创作的一些经典音乐，如吉米·亨德里克斯（Jimi

① 《你我皆星辰》和《上帝之子》：1969年伍德斯托克音乐节期间，加拿大民谣女歌手琼尼·米切尔受邀参加该音乐节，虽然因故未能前往音乐节现场，但她创作了一首与音乐节同名的歌曲《伍德斯托克》，歌词中唱到“我遇到了上帝的孩子”……“我们是星尘，我们金光闪闪”。“怒斥厕所”：1999年的伍德斯托克音乐节因组织管理混乱而为人诟病。1999年9月2日，罗伯特·谢菲尔德在滚石公司网页上发表文章“1999年伍德斯托克音乐节：怒斥厕所”，对此次音乐节的组织管理不力进行批评。——译者注

② 纪录片《伍德斯托克音乐节1969》由迈克尔·沃德利导演，2005年7月上映。该片曾获奥斯卡优秀纪录片奖，记录了音乐史上最具传奇性的1969年伍德斯托克音乐节。从音乐节前期准备到最后现场清理活动，无不收入镜头，不仅展示了这场音乐盛会的积极性一面，也揭露了一些有争议的画面，如毒品吸食、裸奔、组织不善等。——译者注

Hendrix）、贾尼斯·乔普林（Janis Joplin）、里奇·海因斯（Richie Havens）、“谁人”乐队（the Who）、乔库克（Joe Cocker）、“斯莱和斯通一家”乐队（Sly and the Family Stone）、阿洛·古瑟瑞（Arlo Guthrie）、琼·贝兹（Joan Baez），大家都认为，这次活动本应是一场史无前例的灾难。除了疯狂吸食毒品和不合时宜的大雨造成的泥泞，活动发起人对汹涌而来的人群并没有做好准备，他们把高速公路搞得一团糟，冲进周围地区，肆意践踏农田。药品、食物、饮用水和卫生间等设施都严重不足，而毒品和致幻剂等却大行其道。一位演员差点因为雨水湿透扬声器电线而触电身亡，把工作人员吓得半死。然而，神奇的是，这次活动造成的破坏并没有预想的那么大：两个人死亡（一人服用过量海洛因而死，另一人是一位睡袋里的少年被一辆垃圾车意外碾轧身亡），还有 8 人流产[①]。尽管存在诸多可能会使这次活动变得非常糟糕的事情，这次音乐节却办得差强人意，是“和平、爱情和音乐的三天”。唯一的意外事件是激进分子艾比·霍夫曼（Abbie Hoffman）在舞台发表长篇演说，要求释放被监禁的大麻烟鬼约翰·辛克莱（John Sinclair），结果被“谁人”乐队的著名吉他手皮特·汤森（Pete Townshend）用吉他重击头部砸下台（皮特似乎非常享受弹吉他时在舞台上猛挥吉他）。

时间快进 30 年，1999 年 8 月，在纽约州的罗马空军基地，第三次伍德斯托克音乐节在那里举行，“数乌鸦”摇滚组合（Counting

① 这三天里可能有 1~3 名婴儿出生，但没有人宣称自己是“伍德斯托克宝贝”。——作者注

Crows)、谢里尔·克罗(Sheryl Crow)、大卫·马修斯乐队(Dave Matthews Band)、红辣椒乐队(Red Hot Chili Peppers)、基德·洛克(Kid Rock)、金属乐队(Metallica)、艾拉妮丝·莫莉塞特(Alanis Morissette)这样的超级巨星和乐队悉数亮相。虽然出席人数只是首次伍德斯托克音乐节人数的一半(仅有20万人),并且活动组织者从前两次伍德斯托克音乐节活动和其他大型音乐会汲取了经验教训,但事实证明这是一场极其混乱的音乐节。虽然无人预料到活动时会遇到高温天气,但应该意识到夏季气温本来就会是个严重问题,应提供更多保护措施以防酷热和暴晒。组织者还应该认识到,观众在无从选择的情况下,不得已购买4美元一瓶的高价水,但这是相当不人道的做法。整个活动期间,700多人因过度脱水而接受治疗,因为饮水机设置在数英里之外,由于人们的怒气,许多饮水机都被砸毁了。但这还不是最糟糕的情况,骚乱和抢劫爆发,某些地区遭到纵火焚烧,39人被捕,至少4名妇女被强奸(有报道称是遭到轮奸),1人死于中暑。

为什么第一次伍德斯托克音乐节成功克服了各种困难而第三次却彻底失败了(除了音乐还值得称道)? 1969年首次伍德斯托克音乐节的光环——从创立者到发起者、工作人员、音乐家和贝瑟尔当地警察、志愿者、镇民,还有许多其他无名奉献者——完全是对和平、爱情和音乐的赞歌。是的,可以说是那个时代人们的纯真、创新摇滚和民间音乐风行以及扭曲思维的毒品都起到了重要作用,但我认为,还存在1999年音乐节所不具备的原因:积极的社会影响力。

20 世纪 60 年代末的嬉皮士文化倡导和平主义，但宣扬和践行是完全不同的两件事，特别是当时局恶化的时候。那么，1969 年夏天在农场举办的那次音乐节为什么没有爆发大规模的暴乱、强奸、纵火或者逮捕事件？在那次音乐节举办之前，从主创者到每个人，大家都充满激情和热情，持有共同的认识，大家都头脑冷静和乐于助人。为了防止出现失控紧张局面，首次伍德斯托克音乐节免费向观众开放（这使投资者血本无归），但整个城镇和邻近地区的居民在三天活动期间并没有太多抱怨，而是积极参与，因为嬉皮士们态度平和、行为克制，没有制造任何麻烦（除了留下许多垃圾）。和平、友爱和音乐的社会影响力对他们起了作用，每名个体或群体都未置身事外。那些参与活动的人并没有意识到这一点，但他们和平、顺从的集体低认知商对稳定局面起到了积极作用，否则所有负面因素完全有可能把这次活动变成现代庞贝城那样的灾难。

高认知商的“斯莱和斯通一家”乐队

1969 年伍德斯托克音乐节的亮点是“斯莱和斯通一家”乐队。乐队领袖、主唱、作曲家和风琴手斯莱·斯通声情并茂地介绍了《更高》这首歌曲，这首歌显示了他号召观众参与的天赋。他甚至精明地发现，有些人不喜欢跟唱而是想大声唱出来，因此他鼓励那些认知商高的人和他一起唱。在这里，我或许无法传达当时的动感风格，但希望你能对其有个大概了解：

下面我们要试试跟唱。很多人不喜欢这样做，因为他们觉得太过时了。但你必须明白，首先这不是一种时尚。它是一种感觉。如果过去感觉很好，那现在仍然不错。下面，我们一起来唱首歌，歌名叫“更高”，如果每个人都参与，我们会很高兴……我想让大家做的是，唱到“更高”这句歌词时，高举和平手势——这对你们没什么坏处。有些人会觉得他们不应该这么做，因为有些事情需要得到批准才行，这样才更好……如果你愿意唱到“更高”时高举和平手势，大家都会这么做。

如果你很喜欢这段话，可以到 YouTube 上找找这位魅力歌手和他的“一家”活动视频。你会发现，艺人是如何通过利用社会影响力技巧唤起集体认知，营造团结氛围和历史性时刻的。现在想想这个场景都令人振奋！

相比之下，不客气地讲，1999 年伍德斯托克音乐节就是一场纯粹以赚钱为目的的商业行为。且不说每瓶水售价高达 4 美元，活动组织者似乎很少或根本没有考虑滚烫的碎石沥青路面带来的麻烦，他们并未给参加者提供完善的基本服务。甚至在明知往届伍德斯托克音乐节教训的情况下，仍然没有准备足够的公共厕所。自始至终，没有人关心整个活动表演，到处都能见到威廉·戈尔丁（William Golding）的小说《蝇王》（*Lord of the Flies*）中的野蛮行为。各种放纵行为像野火一样在包括表演者在内的认知商极低的人群之间肆意传播。据《旧金山观察家报》称，基德·洛克的行为很愚蠢，他想针对循环利用问题发表一番演讲，他"要求孩子们朝舞台上扔水瓶"。结果事与愿违，激怒了那些口干舌燥、怒火中烧的观众。观众的负面影响继续发酵，比如，当加拿大"悲剧嘻哈"乐队（The Tragically Hip）演奏《哦！加拿大》（O Canada）时，他们开始不得体地唱起《星条旗》（The Star-Spangled Banner）。和首次伍德斯托克音乐节不同——那次音乐节对拉维·香卡（Ravi Shankar）的音乐和 20 世纪 50 年代的莎娜（Sha Na Na）摇滚合唱团都非常包容，1999 年这次音乐节因其暴露出来的贪婪、缺乏人性、无礼冒犯和暴力行为而声名狼藉——这些都和音乐无关。

前面说过，有魅力的表演艺术家对认知商低或高的特定人群会产生影响，在不同情况下造成或好或坏的结局。那些独裁者和暴君，从恺撒大帝、匈奴王阿提拉、拿破仑到希特勒，他们对那些认知商极低的追随者有莫大的号召力，他们能用统一的意识把无知的人们聚拢到一起，形成大规模破坏力，这一点我无须细说。但是对那些小商小贩、泼皮无赖和花言巧语的人来说，他们以并不十分粗暴的方式愚弄了成千上万，甚至几百万人，这些受害者的认知商又是如何呢？

每纳秒诞生100万个傻瓜

史蒂文·斯皮尔伯格、拉里·金、山迪·柯法斯、埃利·威塞尔和约翰·马尔科维奇这些人有什么共同之处？这些人的知名度都很高，曾经（或现在仍然）集智慧、财富、名声和才华于一身。在事业黄金期，他们是各自行业中的佼佼者，有人认为他们是有史以来最有天赋的人。然而，他们所有人——以及其他数百名聪明的人和防备森严的大公司——都被戏弄了，被一个人臭名昭著的人敲了竹杠，而他们还曾对其深信不疑，这个人就是伯纳德·麦道夫。

在20世纪的华尔街知名金融家中，没有谁比伯纳德·麦道夫更受人追捧。在很长一段时间内，这位投资大鳄造设了一个价值500亿美元的庞氏骗局，他把自己塑造成为一个睿智、善良、温和而又慷慨的君子形象，蒙蔽了所有人的眼睛。他广交朋友，深受员工爱戴，在外人看来还全心全意地支持慈善和社区事业。几十年来，麦道夫的表演堪比奥斯卡最佳男演员，无论是在圈内还是在圈外，对于精英乡村俱乐部、宗教机构、高端公司企业、国际银行和普通投资者来说，他都无可指摘。人们觉得麦道夫简直就像特蕾莎修女的弟弟一样可信可敬。

心理学家和社会科学家们认为，现在回想起来，麦道夫的确是病态的。连他自己可能也被愚弄了，他认为自己“在做善事”，因为他广受欢迎，还热心捐助慈善事业。在区分现实与幻想时，麦道夫很可能认知商很低，但毫无疑问，他能利用自己的魅力吸引那些认知商更低的人，当投资者不知道如何理财时（即不确定性，借用西奥迪尼的另一个词），他们盲目相信社会认同的假象（正如西奥迪尼所说）。进一步讲，群体的低认知商合并成为一种共同的幻觉。上面提到的知名人士都不是能够分析麦道夫的活动并甄别其能力的金融天才。很自然地，他们根据同行投资的方法而走捷径。当真相大白，麦道夫被曝光是一个江湖骗子时，世人都好像从同一个噩梦中惊醒——他们的财富付诸东流——并且都在想：我们怎么会如此愚蠢？我还以为他是我的朋友呢！即使是名人，在他们职业之外的领域也会表现出很低的认知商。

费尼尔司·泰勒·巴纳姆（P.T. Barnum）有句名言（也有人说他没有说），“每分钟都有傻瓜出生”。我认为更准确的说法是，每纳秒诞生 100 万个傻瓜，因为我们羡慕并渴望追随那些成功人士和自我实现的人，他们似乎能引导别人获得同样的成就，散发着圣人的光辉。在这方面，在某种程度上我们大多数人认知商都很低，我们渴望存在值得信任的人。一只猴子跟着前面一只猴子学，前面一只又跟着它前面一只学，如此这般，直到猴子们无穷无尽地组合在一起——无助的受害者等待加入猴群。[①]

左右众生：名人和虚假广告的影响

在阿尔弗雷德·希区柯克的经典电影《西北偏北》中，加里·格兰特（Cary Grant）扮演一名广告商，他辩称自己的工作不是撒谎而

① “猴群”是一个很受欢迎的游戏，你想象一下，猴子们手臂相互连在一起，这些规训的灵长类动物组成一个独特的猴群。

是“对真相不得已的夸张”。夸张是我们文化结构的一部分，很多时候，它们通过油滑的广告商向大众进行宣传，让我们从中感受到乐趣，正如大获成功的电视剧《广告狂人》（*Mad Men*）所展示的那样。但是，在何种情况下，这种“不得已的夸张”会有些过分呢?

以下是过去几年中我们看到的例子：

- 米花糖（Rice Krispies）：“含有每天所需25%的抗氧化剂和营养成分”
- 男性增强片（Extenze）：“经科学证明能增加男性身体某个部位器官的尺寸”
- 落健生发水（Rogaine）：是皮肤科医生优先推荐的头发再生品牌，“落健生发水的活性成分米诺地尔能使萎缩的毛囊重新焕发活力，使用一段时间能促进头发再生，使头发变浓密”
- 善品糖（Splenda）：“由糖制成”
- 达能碧悠酸奶（Activia）：经“临床”和“科学”证实比其他酸奶更健康
- 家乐氏集团旗下的卡西（Kashi）：谷物产品是“纯天然的”“不含任何人工成分”

数百万人因为这种广告而购买上述知名产品，但其中只有一个宣传口号是真实的。除了一种产品，其余所有产品都被诉涉嫌虚假宣传，要求索赔，损失了大笔法律费用和罚金。你能猜出是哪一种产品吗?好吧，我来公布答案：落健生发水是上述名单中唯一的名副其实的产品。你猜对了吗？

我并不是说米花糖、善品糖、卡西谷物等是优质或劣质产品，而是说这些产品的广告宣传有误导性。广告商用欺骗和夸张的宣传手段愚弄了很多人，这对低认知商的人来说会造成大麻烦——当我们“需要”或要买东西时，特别是在日常生活中我们匆忙或紧张做出决定时，每个人的认知商可能都很低。

面对各种“不得已的夸张”，人们目光所及之处到处都是虚假广告。像食品和药物管理局这样的组织机构很难对此类行为进行监测并盯防，因为商品广告会在一眨眼的工夫弹出和消失。考虑到这一点，想想这些问题：你上次买的和其广告宣传不符的东西是什么？是什么吸引你购买的？你是退货，给公司写信交涉，还是让这事就这么过去了？

保护认知商（和身体健康）的重要方法是在购物时时刻睁大眼睛，要有怀疑精神。不要不由分说地相信包装上的浮华宣传，比如“纯天然”等字眼。一定要看清楚产品标签，知道你真正想要买什么。一些产品可能会承诺“没有添加转基因”——但这是否意味着食材中已经含有了一些转基因成分，因此无须再添加了？

到目前为止，我主要关注互联网的消极方面，但网上也有健康的即时信息——只要你确定来源是有信誉保证的。许多网站都会展示用户对产品的评价，这对你决定是否购买很有帮助。这里我建议大家要谨慎一些，不要太看重那些评价：一些评价可能会含有某种偏颇（它们可能是由生产商的朋友或家人杜撰的，甚至是由竞争对手故意写的),更有甚者,一些写评价的人甚至自己都没有使用过这种产品或服务。此外,还有一些无聊的人喜欢在公共网络空间信手乱写。

相信我:警惕影星代言的广告

花钱雇用广告商来影响公众去购买产品和服务,这不是什么秘密。许多公司雇用名人兜售商品。美国营销调研机构 The Marketing Arm[①] 的全美名人数据库索引(Celebrity DBI),基于公众可信度对名人进行了排名。汤姆·汉克斯多年来一直高居榜首。如果他向那些秃顶的男人推销一种取自马毛的营养补品,许多人都会购买,因为他们信任汤姆·汉克斯和他的“好男人”人格魅力。[②]

女演员杰米·李·柯蒂斯为达能碧悠酸奶做广告,宣传这种酸奶对消化系统有好处。像柯蒂斯这么一位才华横溢、美丽、杰出的女演员,如果她热情地暗示碧悠酸奶有助于规律地排泄,对于“健康生活方式”非常重要,有谁会不相信呢?

我们不知道柯蒂斯从中得到了什么好处,她可能对雇主的不实宣传一无所知,但是对数百万低认知商的顾客来说,他们不知道哪个酸奶品牌更好时,会倾向于购买柯蒂斯推荐的产品。

---

① The Marketing Arm:宏盟集团旗下营销和推广机构,在纽约、洛杉矶、芝加哥和伦敦等城市设有分支机构。该机构业务范围涵盖体育、娱乐、多元文化、数字营销等,由人才国际体育总裁雷·克拉克于 1992 年创办。——译者注

② 我个人可以证明,汤姆·汉克斯的确是个好人。1988 年我在大学时,一次,我开着 1958 年款纳什大都会轿车去约会。汽车因为电池没电而熄火。待人友好的汉克斯大声喊道:“嘿,怎么了?”他快步跑过几个庭院来到大街上,借着尾灯帮我推车,让我的车“借推力打火发动起来”。

至于电池寿命、护肤霜会让肤色看起来更年轻或者某种补品有助于减肥等广告，有一点很重要，我们应冷静地想想，某种产品能吸引到我们的低认知商，是否是因为我们受名人代言、社会影响或听起来好得不得了的那种溢美之词的影响。[①] 目前，仍有数百万的人继续成为广告的牺牲品，且不管它的合法性如何，都受到某些产品的诱惑，但是，它所造成的不良后果远不及追随者听信虚假的救世主和狂热分子的宣传口号那么严重。这种传染病对社会更有威胁性和破坏性。我们将在下一章中探究这些危险信号。

① 知名品牌和名人一样，也能影响认知商低的人的想法，因为这些品牌形象已经树立多年。两年前，我女儿帮我进行了一项研究，评估太阳镜抵挡紫外线的程度。我们发现，被测试的所有太阳镜无论贵贱都有极好的紫外线防护能力。我们甚至戴着紫外线表到威尼斯海滩徒步区，结果吃惊地发现，即使是商店里廉价的太阳镜，其防紫外线能力也很强。经测试，加油站出售的太阳镜也是如此。我们（在这次研究前，包括我自己在内）以前认为，只有价格昂贵的太阳镜紫外线防护能力才更好，实际上，即便是 10 美元一副的太阳镜也有出色的紫外线防护能力，这都归功于美国联邦法规在这方面的规定。所以，大家放心吧——省点钱，尽管放心去买物美价廉的太阳镜（至少在美国是这样）。

第 12 章

近乎狂热：

极端信仰的本质

不夸张地说，我们所受到的狂热和极端行为随处可见。在世界范围内，我们经常看到或听到由激进行为和宗教问题引发的恐怖事件——无论是商场内枪击事件、恐怖分子杀害人质还是街头自杀式炸弹袭击，渐渐地我们仿佛习以为常了。

极端主义有多种表现形式，并不是所有的极端事件都与暴力行动或宗教信仰有关（尽管在邪教中这很常见，这一点我们将在下文分析）。例如，动物保护狂热分子向穿皮草的名流身上泼红漆；激进的反吸烟人士反对别人点烟，即使吸烟者在指定区域吸烟也不允许；火爆的反战示威者用呕吐的形式表达对美国海外战争行动的不满（是的，这种事情在旧金山真的发生过）。

如果仅仅是态度强硬地表达、捍卫某种观点并努力号召或影响别人，这样的人还不能算是狂热分子。当然，我无意对任何宗教信仰、宗教领袖或虔诚的追随者进行评判或分类。本章目的是分析低认知商如何使人更易于因为空虚而陷入狂热，对事物的看法缺乏逻辑和推理而引发不道德和危险的行为。我说的不是十几岁的游戏高手们沉迷于家用电视游戏机——和我们接下来要探讨的内容相比，那不过是小儿科。

在前面的章节中，我们讲过和狂热主义有关的几个简单例子——比如球迷和歌迷的行为，这些例子表明，低认知商的人往往将情绪凌驾于真正重要的事情之上，比如事业、友谊和浪漫爱情等。但如果因为某个原因而听不进别人的意见，并采取自以为是的行为，对其他事情置之不理，这暴露了最低值的认知商。和那些深受社会影响策略影响而购买太多东西的购物者不同，宗教极端分子和邪教组织成员的认知商非常低，他们很容易被洗脑，可能会对他们自己、他们的家庭和社会造成不可弥补的伤害。

极端分子并不都是傻子

人们的想法随着时间流逝，经过成百上千次认知、判断、经验和偏见而形成。如果一个人在童年时期被剥夺了稳定的家庭生活，经历重大情感创伤或没有接受基础教育，他的认知商低得会像一张白纸，很容易接受恰巧碰到的各种信息和任何因素的影响（或是如今渗入他数字空间的所有信息），最终无法辨别现实和幻想。这个人要么毫无头绪地乱想一通，要么经受许多痛苦以致对现实的认知被严重扭曲，各种邪恶的想法乘虚而入，埋下祸根。那些来自支离破碎、家暴频发等缺乏关爱的家庭的人在情感上有很大缺失；他们可能感到孤独、被出卖、被驱逐或者只是与别人不一样。当这些人情绪低落时，可能会感到失落和绝望。他们是疯了，还是只是在渴求一个温暖的拥抱？

在特定的环境和时机（比如因惧怕家人而躲避，或与家人存在冲突）中，我们所有人——包括孩子——都会猝不及防，认知商很低，面对那些阴险的邪教领袖蛊惑人心的花招，我们毫无防备。你可能不赞同我这个观点。我的孩子们怎么可能那么容易上当受骗？我来告诉你原因：邪教领袖看似无条件的爱、新家庭的支持和友情以及全新的使命感或人生观在起着作用。

一般的运作方式是这样的：不管新加入邪教的人员原来背景如何，他们都受到领袖和群体的热烈欢迎。在这里，没有父母们不切实际的期望、工作中或学校里令人麻木的压力以及社会的严苛评判。宗教和狂热洗脑的受害者和他们的过去一刀两断，获得了全新的身份；从某种意义上讲，他们获得了新的开始。（确实，有时他们在仪式或教化过程中还有了新名字。）随着他们确立了新角色，他们被引导进入一个幻想世界，体验到一些宏大、神秘、重要的东西。既然他们一无所有，为什么不加入进来呢？

不仅那种认为所有狂热分子都是疯子的观点不正确，而且认为他们认知商都很低也同样是一个谬论。事实上，从那些已逃离邪教组织，摆脱洗脑影响的人公开描述来看，事实正好相反。2011 年，伊丽莎白 · R. 伯查德（Elizabeth R. Burchard）出版了《隔壁邪教》（*The Cult Next Door*），讲述了她作为新泽西一个邪教组织狂热信徒的悲惨故事。伯查德是一个城市少女，智力十分正常，她还曾作为代表作高中毕业发言，后来，她在史瓦兹摩尔学院（Swarthmore College）上学。她在曼哈顿一家心理诊所寻求治疗时被洗脑，最终身陷宣扬世界末日预言的邪教组织。对被洗脑的人来说，幻想变成现实，过去那些认为异常的行为变为合理。在分不清对错的情况下——加上同伴的怂恿——有可能做出反社会、自甘堕落和破坏性的行为。是非界线模糊不清，邪教组织成员会不惜一切代价，一门心思地完成指定的任务，为达到目的不择手段。这时他们的认知商非常低（甚至为零），以致无法分辨道德谱系两端的现实之间的区别。

教皇以上帝之名发动持续数百年的战争

从 1096 年到 1272 年，世界上最有侵略性的军队并不是那些发现自己受骗购买“海猴”的孩子们，也不是那些反对在中东地区使用骆驼作为运输工具的动物保护活动家。他们是谋求从穆斯林和土耳其人手中“收回”圣地（耶路撒冷）的欧洲基督徒。这场被称为“十字军东征”（一种委婉的说法）的 9 次军事行动共造成约 100 万 ~ 900 万人死亡。（显然，当时没有人详细记录这些琐事。）

是什么引发了如此长期野蛮的大屠杀？这些虔诚的士兵并不是在某个早晨醒来后，突发奇想地说：“嘿，我们今天去征服圣地吧——我们靠卖瓶装圣水能发一笔横财！”答案当然来自上帝和教皇乌尔班二世（Pope Urban II）的煽动性言论。1095 年 11 月 27 日，这位法国教皇——他并非那种坐着教皇马车在城市里游手好闲之徒——发表了一篇鼓舞人心的划时代演讲。他煽动了几十万名武装基督徒以“上帝的旨意”进军耶路撒冷。教皇乌尔班二世使士兵们相信，高贵的征服（即屠杀别人）将减轻他们的罪恶，他们一定会在天国得到物质财富和难以言尽的奖赏。

是上帝亲自传递给教皇乌尔班二世什么内幕消息吗？主是否指定了某个人必须杀死多少无辜者才能弥补过去的罪恶？请注意——按照《摩西十诫》（*Ten Commandments*）和《圣经》的说法，难道杀人不是一种罪恶吗？

教皇乌尔班二世是一位极富天赋的演说家，尽管开始时他是为了回应拜占庭皇帝阿莱克修斯一世·科穆宁（Alexios I Komnenos）的求援，保护安纳托利亚[①]基督徒治下的领土免遭塞尔柱土耳其人（Seljuk Turks）的侵略，但发起进军圣地的号召也出于他的个人动机。教皇坚持的信条是基督徒应该控制圣地，因为那是耶稣蒙难和重生之地。或许他还意识到，穆斯林积累了数量可观的财富。但归根结底，他是一个煽动仇恨的人，想到那些和他自己信仰不同的异教徒就心生厌恶。他以宗教之名发表的演说与后来的阿道夫·希特勒发表的演讲并没有什么不同，都是通过团结大众反对他们所认定的共同敌人，并对大众进行洗脑。教皇称穆斯林为“崇拜恶魔”的“异教徒”，而基督教士兵则相信上帝“是他们的向导”。一旦走上战争道路，基督教士兵就会坚定不移地完成任务，全心全意地相信上帝在支持他

① 安纳托利亚（Anatolia）：又名小亚细亚或西亚美尼亚，亚洲西南部一个半岛。——译者注

们。士兵们的这种低认知商使这种情绪在整个欧洲广为流传，世代相传——尽管他们有生之年得到的回报微乎其微（我们无从知道后来发生的事情）。

具有讽刺意味的是，教皇乌尔班二世至死都没有见到最终征服耶路撒冷（这并没有持续太久）。他发起的残酷运动导致数次所谓“十字军东征”并造成百万（或数百万）人丧命，对此他一无所知。

宗教为何会成为邪教？

“十字军东征”并不是唯一一次宗教战争，但是它持续的时间最长，在宗教艺术和文学作品中频繁地被提及。在其后的历史中不乏各种战争，都是以宗教或更高权力的名义对其他民族发动的战争，大批追随者听信一位颇有说教能力的领袖，认为发动战争的理由是完全正义的。

最近一个例子是发生在 1983—2005 年间的第二次苏丹内战，100 万 ~ 200 万人因此而丧生。冲突的起因是总统加法尔·尼迈里决定在信奉基督教的苏丹南部地区强行实施伊斯兰教法——民众奋起反抗应受到责难吗？伊斯兰教法对犯罪和信仰实施极端惩罚，例如，对偷窃罪犯剁手截肢，对婚前性行为、出轨和同性恋行为处以多达 100 下鞭刑。

如今，在许多国家，如阿富汗，大部分穆斯林仍信仰伊斯兰教法，尽管对它有各种不同的理解和不同的恪守程度。因此人们会问：在什么情况下，激进行为会使宗教变成邪教？

有一种理论认为，如果一种运动已经存在几个世纪，它就是一种宗教，而邪教是指那些新成立的活动组织。邪教通常含有现有宗教的哲学分支，但在信仰、仪式和实践方面存在一些颠覆性做法。正如前面所说，邪教通常会有一个劲头十足、蛊惑人心、广受追捧的精神领袖，他的奇思妙想具有至高权力。邪教有明显的功利性——对权力、控制、统治、金钱、性或所有这些的占有——和不同形式的洗脑活动，即使不是完全的精神控制。误入邪教的人通常会为了集体而牺牲自我意识，相比之下，大多数宗教至少允许在主流认知之外保留一些个体独立性。

在我看来，伊斯兰教是一种宗教，但激进的伊斯兰恐怖主义——主要是“伊斯兰国”（ISIS），是一种狂热崇拜，其成员虽然具有正常或较高的智商，但其认识商很低。恐怖主义团体，或者其他群体（当然，我并不是说恐怖主义只限于穆斯林群体）同样如此：招募成员并对其（通常是年轻人）进行洗脑，恶意攻击无辜者（不管受害人群中是否夹杂着自己的同胞）。因为相信来世回报这样的承诺，被洗脑的成员往往心甘情愿地为其卖命。

保持本色：邪教的甜蜜陷阱

马尔文·盖尔普（Marvin Galper）博士是圣迭戈的一位临床心理医生，他一直致力于救助邪教幸存者。多年来，他和解救分队进入邪教营地，有时借助黑暗掩护，帮助营救和劝导（即提供治疗使被洗脑的邪教徒摆脱受毒化的思想）许多年轻教徒脱离邪教。他向我描述了邪教挑选教徒的过程:“他们寻找那些处于困境的人，比如考试不及格并且得不到家人关心的学生。他们寻找来自破碎家庭的孩子，比如来自离异或丧亲家庭……他们常常被家人疏远。”换句话说，邪教专找那些情绪不稳定的人(这可能是在某种环境下的一个阶段)，他们认知商很低，甚至认知商为零——也就是说，没有能力辨别别人给他们出的主意的好坏。

盖尔普称这些被洗脑的邪教成员“处于可怕的意识状态”。邪教组织暗地里采用一些手段，而受害者还被蒙在鼓里。通常，他们会受到邪教领袖的亲自欢迎而加入组织，这个领袖让他们感受到“无条件的爱”(这通常是他们人生中所缺乏的)，对他们过去的苦难给予足够的同情和理解。他们“只需做好自己”就能被其他教徒接受。随着时间的推移，通过在思想和身体上对他们不断加强控制，如剥夺感觉(如光)、剥夺睡眠和限制饮食，他们完全被制服。关键的一点是顺从心理;邪教成员被训导培养了一种归属感和群体同一感，阻挠个性和压制自我。邪教有时会将符号、密码和口号合并到一起，利用低认知商的弱势人群脑海中原来的一些图像;这些图像的模糊熟悉感有助于营造一种平衡感、认同感、合法性和秩序感。邪教的伎俩就是无中生有。

邪教也会借鉴其他宗教和教派的思想，但据盖尔普博士研究，邪教领袖“无所不能，法力无边……能直达‘上帝’，并把其他人描绘成黑暗中的人”。盖尔普发现，邪教领袖有一些共同特点:他们是“富有魅力、不择手段的父性角色”，痴迷“权力、统治和财富”。这些领袖中的许多人充分利用他们的主导地位，将他们的意志强加给男女信徒。

汤姆·克鲁斯、凯莉·普雷斯顿、约翰·特拉沃尔塔、柯尔斯蒂·艾利、伊丽莎白·莫斯、艾萨克·海耶斯、贝克·汉姆和安妮·阿彻，这些人有何共同之处？

山达基教

他们都信仰山达基教。山达基教是宗教还是邪教？信徒追求精神信仰还是狂热崇拜？他们是“科学家”吗？为什么那么多名人都信奉山达基教？他们的认知商是高还是低？

山达基教是由科幻作家 L. 罗恩·贺伯特（L. Ron Hubbard）创立的。1950 年，他把自己对精神灵性的独特思考汇集成畅销书《戴尼提：现代心理健康科学》[①]。他在书中阐述了这样一个理论，即身体疾病是精神疾病，可以通过对大脑中的有害想法进行修正而防治和改变，但山达基教的作为还远远不止于此。借助贺伯特的大胆想象，山达基教指出，贺伯特是银河联盟（“Galactic Confederacy”）的总指挥，在 7 500 万年前，他把数十亿人带到地球。我认为，许

① 戴尼提（Dianetics）：来自希腊文，意思是“穿越心灵”，即“灵魂对身体的作用”。——译者注

多天体物理学家或人类学家都不会同意这两种说法。数十亿人类并没有和恐龙生活在同一个时期，恐龙在 6 500 万年前就已经灭绝了。然而，贺伯特的理念成为一个奇迹，数百万信徒——其中许多人为他创立的事业热切无悔地放弃了他们的生命，就如同乔治·卢卡斯（George Lucas）在他风靡一时的大片中创立了星球大战宗教一样。

虽然山达基教有一些宗教表层元素，但我认为它更像一种邪教，它的成员认知商都很低。他们对现实缺乏认知；他们认为山达基教拥有释放各种异乎寻常、超自然能力的力量。如果你对“积极思考出奇效”感兴趣，我建议你读一下已故作家诺曼·文森特·皮尔（Norman Vincent Peale）的作品，他的观点更有理有据，而且买他的书比加入山达基教便宜很多。

一些臭名昭著的邪教群体都实施过集体自杀，下场很悲惨。如果低认知商信徒被洗脑到了极端程度，对于邪教领袖所指示的任何事情，无论多么荒谬，他们都会相信和执行。1978 年，“人民圣殿教”（The Peoples Temple）创立人吉姆·琼斯（Jim Jones）指挥 918 人——包括 276 名儿童——服用一种掺有氰化物的葡萄味致命“酷爱”（Kool-Aid）饮料。近 20 年后，1997 年，“天堂之门”（Heaven's Gate）（由马歇尔·阿普尔怀特和邦妮·奈特创立）诱骗 39 名邪教

成员吞下致命的酊剂而丧命。为什么？因为他们相信会登上追随海尔—波普彗星（Comet Hale-Bopp）的宇宙飞船。信不信由你，目前这个邪教组织仍然存在，仅存的几百个追随者还在等待这个运输工具发挥作用。

邪教有多种表现形式，可能是被有各种自恋倾向的人，如信仰治疗师、电视布道者和传教士所精心策划的。这些人可能会登门拜访或通过互联网、垃圾邮件或老式蜗牛邮件悄悄渗透进我们的生活。如果你发现一位不到 21 岁的年轻人被家人抛弃，你要密切关注他是否行为失常（不停地唱爱莉安娜 · 格兰德和妮琪 · 米娜的歌曲除外），例如用奇怪的声音对某种信仰念念有词、穿奇装异服、厌烦以前的兴趣、携带一些内容奇怪的小册子，不愿意批判性思考问题。如果你碰巧怀疑有人试图拉拢你或你认识的人加入邪教，可以求助于各种反邪教热线、援助团体，当然还有政府机构。

虽然一些邪教领袖相信他们是永恒的神，但时间证明这完全是无稽之谈（我还在等待 L. 罗恩 · 贺伯特重现）。如前所述，一些邪教幸存者完全有可能经过教育而幡然醒悟，清除他们被灌输的想法，尽管盖尔普博士警告说："需要强有力的支持体系才能消除与邪教团体的联系。要让（前邪教成员）回归正常生活，需要为他们找到另一个社群。"最强大的支持体系是家人和亲密的朋友。

一旦邪教徒充分认识到他们所接受的邪教宣传是骗局并开始辨别事实和虚幻时——此举将提高他们的认知商，经过一段时间，他们就能重新回到主流社会生活。碰巧的是，时间——我们下一章的重点——在我们如何根据自己的经验理解它的流逝，以及它如何扭曲我们的记忆、如何发生变化等方面，是认知商的一个关键元素。用特蕾莎修女的话说就是：“昨日已逝，明日未到。我们所拥有的只有今天，从现在做起。”

第 13 章

时间的主观体验：

人生目标清单的缘起

一个周日晚上，一位叫乔纳森的12岁毛头小子忽然意识到还有一篇作文第二天要交，立即变得很抓狂。整个周末，他把时间都浪费在看哈利·波特电影上，看了两遍，现在他要铆足劲完成作业了。他沉重地坐在书桌旁，打开电脑，喃喃自语：“为什么我要等到现在才写？我讨厌星期天晚上！星期天晚上过得超级无敌快！”

在家中另外一处，乔纳森的父亲在书房里刚刚打开笔记本电脑。第二天一早他必须给老板做一个重要汇报，一个多星期以来，他都没有看过PPT（幻灯片）报告。他原以为自己有足够时间准备，但是，他和儿子拼车去打篮球和踢橄榄球，和他那些红光满面的老友一起喝啤酒、看电视棒球比赛，完全忘记了时间。他刚收到老板的电子邮件，得知他的汇报时间提前了一个小时。在等待他的报告载入时，他几乎慌作一团:“该死，我为什么要现在才去做？”他自言自语，“周末过得太快了！”

父亲和儿子在各自的笔记本电脑上争分夺秒地忙作一团，真是有其父必有其子。突然，门铃响了。原来80岁的外公顺路来串门。不久，妈妈对全家人喊道:“亲爱的！乔纳森！外公来了！下楼来！”

父亲和儿子跌跌撞撞地来到外公身边，老人发现情况不对头:“怎么了，孩子们？我是不是来得不是时候？”

“和你没有关系，”女婿安慰他说，“明天一大早我要做一个重要的报告。”

“我……我还有一篇作文作业没完成。”乔纳森说。

“真抱歉，我不知道你们这么忙。”外公说。

“今天是星期天晚上，爸爸，”他的女儿说，“你知道大家会有什么感觉，对吧？时间从我们指间溜走，周末一下子就过去了。”

“现在是周日晚上？天啊！周末说过就过去了！我得走了——我要迟到了。我和歌莉娅还有晚餐约会——她的笑容很美。再见，孩子们！”

以上的故事并不只是为了呈现没有时间观念的三代人，目的是说明不同的人在对时间的理解上都存在低认知商：

• 儿子做作业拖沓，认为周日晚上过得如此之快

• 父亲被家务和 NBA 球赛分散精力，没有准备汇报材料，他觉得周末过得飞快

• 母亲提醒外公，时间像从我们的指缝悄然溜走，周末突然就结束了

• 外公不关心星期几，认为周末刚到就过去了

同一个周末，在同一所房子里，四个人有相同的感受，但每个人用了不同的表达来描述他们感觉时间过得有多快。除非这家人和罗德 · 瑟林（Rod Serling）一起在《迷离境界》（*The Twilight Zone*）中走上一遭，否则每个人度过周末都是相同的 48 小时。

在《科学报告》杂志（*Journal of Scientifc Reports*）于 2016 年发布的一份研究中，研究人员发现，人脑对时间的感知往往不正确。在一系列测试中，参与者被要求确定不同样本类型中视觉和声音之间的时间跨度，被测试者把时间界定在现实和他们对时间框架的看法以及对接下来发生事情的认知之间的某处。这种现象对人类来说有利有弊。我们对时间框架的评估是不准确的，但是，当我们以这种方式超越我们自己的时候，我们的认知有助于为将来的事情做好准备。正如伯明翰大学的马克斯 · 迪 · 卢卡博士（Max Di Luca）所说："这些预测对于生存至关重要，因为它们使我们对环境做出更快的反应并计划应采取什么行动。"高认知商有时意味着当我们预测一些事物对我们有益和与我们自身防护有关时，不去在意时间的准确性。

随着年龄的增长，时间似乎过得比我们年轻时感觉快得多。巴西圣何塞医学院的研究人员在2016年的一项测试中发现，所有年龄组（15~89岁之间）对时间流逝的判断都过快——但最年长的人判断误差最大。这个结果并没有决定性的原因，但是科学家们推测，随着年龄的增长，多巴胺的变化会干扰记忆力和注意力，进而改变我们对时间的看法。此外，还存在年龄变大的潜在心理影响以及“趁着有时间赶紧把事情做完”这种紧迫感，正是因为这个原因，人们制定“人生目标清单”（bucket lists，这个短语和“一命呜呼”有关，意思是自己吊着自己，然后把脚下的水桶踢走）。

时间结构：观点因时而变

在时间观念上，我们的认知商具有一种动态能力。我相信一个理论观点，那就是随着社会认知的改变和发展，（你上一次手写感谢卡是什么时候？）我们的集体观念也会发生变化。几个世纪前，人们认为地球是平的，月球是由奶酪做的（如果我没弄错的话，瑞士人这样认为）。正是由于巴兹·奥尔德林（Buzz Aldrin）和尼尔·阿姆斯特朗（Neil Armstrong）的成就，我们现在完全确定，月球不是由奶酪制成的（美国国家航空航天局花了大钱）。

尽管科学证实了气候变化和进化，但仍有很多人否认这些无可辩驳的事实，其中一些人还受过良好教育，担任要职。他们固执地驳斥这个重要的科学结论是出于两个根本原因：（1）这些问题完全违背了他们的经济、政治、宗教利益和长期坚持的信仰；（2）这些人非要看到一些具体证据，比如佛罗里达沉入海洋，才能接受气候变化的真实性。许多人似乎无法控制自己的信念，因为他们的偏见牢牢限制了他们的观点。怀疑者不太可能接受进化论，除非科学家能够克隆或让原始穴居人复活（或者我们退化成猴子）。当涉及接受科学时，气候变化是一个棘手的问题，因为在很多情况下，经济利益混淆了观点立场，导致人们在该问题上认知商很低。对一些人来说，只有在 100 年之后（或不管需要多长时间），当冰冠融化，我们都生活在船上时，气候变化才是真的。

我认为，时间会改变我们对所有事物的认知和观点。在第 9 章，我们讨论了奥斯卡 · 王尔德因为同性恋行为而受到迫害；尽管现今歧视仍然存在，而且各地对其歧视程度不尽相同，但总体而言，整个社会对性取向有更多的理解和认识，来自各个领域的人们敢于公开自己的性取向秘密而不会造成极坏的负面反应。女同性恋、喜剧演员艾伦 · 德詹尼斯（Ellen DeGeneres）主持的脱口秀节目，在 20 世纪 60 年代至 80 年代都不可能播出，但现在，她是一个广受欢迎的公众人物，其节目有极高的电视收视率，职业前景一片光明。

生活经历对我们认知商的高低有很大的影响。很多人都见到过这样的人，他大半辈子都非常憎恶同性恋，但当他参加了儿子的同性婚礼后，把他的女婿视为家人，完全像变了一个人似的，也许大家还听到过其他此类的故事。即使是性格偏执、反感同性恋的电视剧人物阿奇 · 邦克（Archie Bunker，来自 20 世纪 70 年代开创性电视剧《全家福》）在他的晚年，随着时代的变化，也不再坚持原来的看法（尽管他一直都喊他的女婿迈克“笨蛋”)。

时间到底是什么?

基于各种因素,如年龄、身份地位以及个人短期或长期规划,我们对时间的理解完全不同。蹒跚学步的孩子对时间的感知和用婴儿车推着她在塔吉特超市穿行的母亲就不一样,因为按照儿童教育心理学家佩内洛普·里奇(Penelope Leach)的说法,她的记忆还未发育,因此“她总会迫不及待”。一个在机动车管理局(DMV)排长队的女性会觉得等待的时间比她在迪士尼乐园玩相同时间要长得多。一位公司首席执行官可能会觉得餐馆服务太慢,因为等了10分钟才把他要的饮料和开胃菜端来;相比之下,在这家餐馆进餐的热恋年轻情侣,即便等待相同时间才等到饮料和开胃菜,仍然会很开心,而且会在网上发布这家餐厅“服务闪电速度”的好评。这位首席执行官和这对年轻情侣对餐馆的服务有完全不同的评价,缘于他们当时的心态不同。首席执行官可能会感到心烦意乱,因为生意受挫或开会要迟到等原因。相比之下,这对情侣可能觉得很闲适,在一起很甜蜜,巴不得时间过得慢一些。

关于时间的陈词滥调

除了爱情这个主题,有关时间的陈词滥调可能比其他任何主题都要多。在过去的一周里,你可能一次或多次听过下面这些话,甚至还使用过,只是你没有意识到。

- 时光停滞
- 一针及时省九针
- 恰逢其时
- 最后关头
- 等一下
- 请稍等
- 罗马不是一天建成的
- 感觉就像发生在昨天一样
- 像上辈子一样
- 恍如隔世
- 不怕晚，只怕懒
- 等一等吧
- 快点，我等得黄花菜都凉了
- 时间会冲淡一切
- 还有时间
- 时间不等人

这些话听起来熟悉吗？（最后两句应该很耳熟，毕竟它们是滚石乐队的两首歌曲的名字，尽管它们传达的意思相反。）这些话有充分的事实依据吗？可能没有——至少就其本身而言是这样，因为缺乏使用它们的上下文。为了说明人们对时间的认知商，这些话必须有相关细节来辅助理解，才能得出结论。

动物对时间的认知和人类完全不同。当我们试图拍打苍蝇时，在苍蝇看来，我们一定十分笨拙，因为根据《科学美国人》（*Scientifc American*）的说法，苍蝇每秒处理视觉信息的能力比我们快 4 倍。动物对时间的认知主要基于它们的形体大小、代谢率和环境。生物形体越小，事物对它们来说就越慢。“动物星球”频道（Animal Planet）认为，家养的宠物狗非常情绪化并易感到焦虑（是的，现在已有小狗安定剂出售），与它们深爱的主人分离会使它们对时间的认知混乱。你离家 5 分钟或 5 小时后，你的爱犬会一直在门口等你，就好像你已经离家一辈子一样。

在所有影响因素中，年龄对我们的时间观念和认知准确性的影响最大。如果你让我那年幼的女儿解释年老，她们可能会说：“你真的老了，老爸。”哎哟！我刚刚 50 岁。这就老了吗？按照现在的标准，50 岁并不算老，但对一个年幼的孩子来说，她会和她自己的年龄做比较。她对年龄的认知商还没有形成。但是想象一下，如果我生活在 1907 年，那时候男性平均寿命是 45.6 岁——我会被认为是一个比同辈人长寿的老家伙。如果回到古希腊，人类寿命只有 25~28 岁。按照这个标准，我简直就是活化石（或至少我正变为活化石）。

文化因素也会影响我们对时间的认知。随着医学进步和生活质量的大幅提高，人类寿命持续增长，我们对年龄的感知也在发生变化。如果你有幸生活在摩纳哥，平均寿命会达到 89.52 岁。但在世界其他地方，由于医疗卫生和气候条件恶劣，平均寿命很低。例如，在非洲的乍得共和国，平均寿命只有 49.81 岁。乍得的“年老”与摩纳哥的

“年老”含义大不相同。

近年来，我们常听到诸如“60 岁是新 50 岁”和“50 岁是新 40 岁”之类的说法，这让我们在认知年龄时具有心理优势。这完全能够理解，因为现在有各类护肤品、特殊饮食、各种健身方案和整容手术。然而，如果一个 89 岁的人身体状况很差，却做出 19 岁的运动员那样的行为举止（或穿衣打扮），毫无疑问，那显然是低认知商的问题。

断层在于我们的记忆

人的记忆非常微妙。我们对某件事情的回忆永远无法精确地复制事情本身。记忆是创造力不断变化的行为。我们的年龄、生活经历甚至梦想都会扭曲我们的记忆和对时间的感知，这意味着我们对时间的感知永远都是主观的。如果每个人都通过不同的视角来看待时间，我们怎么判断在时间问题上我们的认知商是高还是低呢？设想一下以下场景以及你会如何看待这些时长 20 分钟的活动：

- 和你的爱人做爱
- 吃冰激凌圣代
- 等待你最喜欢的节目最后一集开始
- 被老板责问
- 临终前躺在床上

你所处的上述情形不同，对 20 分钟的感觉也会不同，这种差别因人而异。如果你非常尊重你的老板，认为他的责问是应该的，是一次学习经历，你就会感觉 20 分钟并不太长。然而，如果你讨厌或者畏惧你的老板，他对你责骂 20 分钟就会像一个世纪那样漫长。然而，这两种情形都是在同样长的时间内发生的。

时间本身可能无法改变，但我们对它的认知肯定会改变。人类甚至有能力塑造对时间的认知并从中受益，这是其他物种无法做到的。许多瑜伽修行者和心灵导师终其一生追求“活在当下”，放慢他们的认知，注重追问内心感受，全身心地拥抱周围的世界。但即使是最受尊敬的瑜伽修行者也无异于常人，仍然受制于时间现实。

菲尔说，这将是一个漫长的冬天

我们大多数人或许都记得《土拨鼠之日》（*Groundhog Day*）这部电影，1993 年由比尔·默瑞（Bill Murray）主演，在这部电影中，他扮演一名叫菲尔（Phil）的天气预报员，他重复度过了很多土拨鼠之日，直到发现如何正确地度过这一天。在宾夕法尼亚州的普苏塔里小镇无休止的重复的生活中，他被赋予一种似曾相识的力量，菲尔痛苦地经历着各种各样的高潮和低谷：反复踩进同样的水坑；拯救别人的生命；在遭受痛苦的存在感的同时，他试图以各种疯狂的方式自杀（在浴缸里触电，从建筑物上跳下去，偷窃小镇上和他同名的、著名的“菲尔”土拨鼠，还和土拨鼠一起开车冲下悬崖）；研究貌美的女子并试图引诱她们；成为一名钢琴大师；创作冰雕等——所有这些都在同一天不断重复！

菲尔对时间的认知商很有神性，到了电影最后（我不会剧透，如果你碰巧还没看过这部电影，它还被改编成百老汇音乐剧），他精确地制订计划，让每天的每个瞬间都过得完美。在这个自我重复的幻想世界，他接受命运，改变了原来对镇民挑剔的眼光，让自己深受欢迎，不再怀有恶意。可以说，他留意和尊重时间，逐渐接受生活环境，割断过去所有想法，重新获得了对自己和周围人的更高层次的正确认识。

有没有可能减缓或加速我们对时间的认知？根据 2015 年的一项研究，答案是肯定的。詹姆斯库克大学的研究人员奥菲·麦克朗林（Aoife McLoughlin）认为，我们目前对时间的错误观念与高科技有关。智能手机和笔记本电脑使我们比以往任何时候能更快地完成许多事情——研究、交流和各种商业活动，但我们也受到欺骗，以为时间流逝的速度比实际快得多。“虽然这会使我们更高效地工作，”麦克朗林说，“但它也让我们感到更大的时间压力。”仅仅对比一下那些使用科技产品的人和不用科技产品的人，就会明白这一研究发现。

有没有简单的解决方案？拔电源，关机。中断电子产品工作。如果你能将使用手机和上网工作的时间限制在每天两次，每次大约半个小时，你会发现自己不会被各种外界噪音干扰分心。时间似乎放慢了速度，你会有更多时间放松自己或完成任务清单上的工作。这对周末和假期更是有益：为什么要在电子产品上浪费宝贵的闲暇时间呢？你完全能出去做点其他事情，好好玩玩，让时间过得更慢一些。

然而，如果你在机动车管理局排队等候或在陪审员等候室等候开庭时，假如在这些情况下允许使用电子产品，那么不妨上网看看可能会让时间过得快一些，否则你会感觉极其厌烦和无聊。

正如这一章所说，我们对时间的认知并不是一成不变的：它会让我们感到压力，给我们带来欢乐，也会让我们感到困惑。我们的时间观念是由我们所处的时代、我们的文化和我们的意志决定的，反过来时间观念又决定了我们的命运。随着认知商的改变，我们可以放慢或加速时间。我们可以用它回忆过去，也可以更有效地生活在当下。事实上，正是对时间的认知将我们和猿类、狗、苍蝇，甚至是土拨鼠区分开来。同时，正是直觉——无论我们注意到或忽视它——使我们在短暂的人生求索中获得成功或遭到失败。下面我们将对此进行探讨。

第 14 章

勇于决断：

听从我们的直觉

> 你的手机铃声忽然响起。不知道为什么，你有一种害怕的感觉，好像发生了什么糟糕的事情。你突然想起什么，一股寒意袭上了你的脊背：你亲爱的姑妈去世了。一个月前，你见到她时她还很健康，后来你忙得没顾得上问候她。为什么这个与死亡有关的想法会在手机响起的时刻突然闪现？是手机铃声的音调“听起来不同寻常”吗？不，当然不是。你接听了电话。你妈妈告诉你的话正如你已经预感到的那样。你真的早就知道了吗？这怎么可能呢？

一些人把这种能提前知道喜讯或噩耗的奇怪感觉称为“预感”或“直觉”。通常情况下，当我们有这种感觉时，无法对其解释或描述；我们只是听从直觉信号或对其置之不理，事后又感到懊悔。我们识别这种短暂的直觉感受并在恰当时机做出正确决定，这种能力恰恰反映了我们认知商的高低。

不要紧张，我不是鼓吹用超自然力量来解释这种现象。相反，我想探究一种被称为直觉的现象，在某种程度上我们都体验过它。这是另一种天生感觉能力，虽然对此我们很难理解并且几乎不知道如何正确利用这种感觉——这为我们提供了一个提高认知商的绝好机会。

直觉很少有逻辑或推理依据。它可能是一个在你的脑海中忽然出现又迅速消失的想法，也可能在梦中或幻觉中出现，与影响你或其他人的某件事情有关。当我们听从内心的声音并立即抓住它，“相信我们的直觉”时，尽管没有数据支持，但往往会发现，我们的猜测是正确的。在不同情况下，这些“猜测”有时关系到成败，甚至生死。

在我看来，直觉分为两种：没有科学依据的直觉，如“出乎意料”的或在梦中涌现的奇怪想法；有科学依据的直觉，如至少在某种程度上经过研究并证实的确存在的直觉技能。在这一章，我们将重点讨论没有科学依据的直觉——因为坦白地说，这种直觉更有趣。

音乐死亡日——直觉失灵

1959 年 2 月 3 日，在一次长途音乐巡演中，摇滚明星巴迪·霍利、“比波普音乐家”J. P. 理查德和里奇·瓦伦斯，在爱荷华州因飞机失事而丧生。这个事件已成为摇滚乐界的传奇，唐·麦克林的经典歌曲《美国派》（*American Pie*）将这起悲剧称为“音乐死亡日”。但很少有人知道，如果不是因为一些非常奇怪的原因，搭乘那架飞机的或许会是其他三位音乐家：歌手兼词曲家迪翁·蒂姆斯（迪翁和贝尔蒙特音乐组合成员）没有登机，因为他不愿意支付 36 美元费用；摇滚歌手汤米·奥苏普本打算登机，却在猜硬币挑战中输给了里奇·瓦伦斯；歌手兼作曲家韦伦·詹宁斯（当时是霍利的贝斯手）好心将他的飞机座位让给了正患流感的“比波普音乐家”。多年后，詹宁斯在他的自传中说，由于预见到他不得已要去乘坐寒冷的巴士而不是乘坐飞机，他还对巴迪·霍利开玩笑说：“我希望你们那该死的飞机失事！”詹宁斯的告别之词真的变成悲剧：飞机起飞后不久栽到玉米地里，飞行员和三位音乐家不幸遇难。

这个故事最让我感兴趣的是，有资料显示死去的三名艺术家——霍利、“比波普音乐家”和瓦伦斯都预感到了死亡征兆，但他们最后还是登上了飞机。即使你是一个怀疑论者，他们三个人背后的故事听起来也都令人不寒而栗：

- 巴迪·霍利：巴迪的遗孀玛丽亚·埃伦娜·霍利透露，在飞机失事之前，她曾做过飞机失事的噩梦。醒来后，她把这场灾难描述给丈夫听，她的丈夫说他也做了一个类似的梦，在梦中他看到飞机在农场坠毁，自己不幸丧命。更吓人的是，1958 年，一位名叫乔·米克的制片人无意中抽出一些塔罗牌，上面写着“巴迪·霍利”和“死亡”字样，当时日期是 2 月 3 日。米克写信提醒过霍利，就在那一天，一本签名簿和一块砖头（估计是某个歌迷扔的）穿过霍利家更衣室的窗户被扔了进来。他侥幸躲过此劫了吗？是，又不是。1958 年 2 月 3 日，他避开了砸向他头部的砖头，但一年后同一天，即1959年2月3日，发生了致命的飞机坠毁事件。

- “比波普音乐家”：作为一名唱片节目主持人，“比波普”为一期超长音乐节目熬了三天没合眼，他筋疲力尽，声称看到了幻觉——包括他自己的死亡。据说，他曾说：“死后的世界并不那么糟糕。”
- 里奇·瓦伦斯：尽管他只是一个十几岁的少年，但大家都知道他对飞机有一种天生的恐惧，并且发誓永远不坐飞机。他的恐惧很有可能是因为他目睹了祖父在飞机失事中丧命。

如果这三位音乐家注意到这些直觉迹象，就能避免厄运吗？我们永远无从知晓，但这引发我们思考：当我们接收到那些无法解释的“迹象”时，至少应该在做登机那样的重要决定之前稍加判断。

直觉：助你一臂之力

直觉信号并不总是与亲爱的家人离世——或梦到自己死亡——这类事情有关。有时，它们平淡无奇，就像你想到一首歌，打开收音机刚好听到这首歌。有些成功人士似乎能捕捉和利用这种诀窍，就是说“恰在此时，恰巧发生”。智力超群的人非常重视他们的直觉（不仅仅是天赋或智力），不管是阿尔伯特·爱因斯坦在16岁时想象追逐光束、托马斯·爱迪生发明留声机、尼古拉·特斯拉研发交流电系统，还是披头士乐队即兴演奏出创新作品，甚至是奥普拉·温弗瑞准确把握国家重大社会问题和利益。人们常说，天才的想法和突破“击中”这些人，然后他们通过自己的技能、经验、才智和学识利用这些想法。

这个过程绝不仅仅局限于发明家和创新艺术家。最成功的商界人士和投资者天生具有捕捉灵光闪现的能力，这些想法起初似乎违反直觉，但一旦将其付诸行动，就会引起根本性变化；对于那些局内和局外人来说，这些人的成就使其成为神一般的存在。特许金融分析师学院（CFA）——一个致力于投资领域教育和伦理问题的组织——就坚持根据直觉做出投资决策。他们将乔治·索罗斯和计量金融大师伊曼纽尔·德曼视为利用直觉取得巨大成功的范例，特许金融分析师学院“大胆投资商”专栏作家杰森·沃斯（Jason Voss）在《直觉投资者》（“The Intuitive Investor”）这篇文章中提出了在金融事务中直觉值得重视的一个令人信服的理由：“在我的投资生涯中，我使用了一些非常规手段提高我共同管理的基金收益，但没有一个比直觉所起的作用更大。”

永远系好安全带，还有，别忘了厕纸

当我在加利福尼亚大学洛杉矶分校（UCLA）的大学辩论队时，有时不得不开长途车去参加联赛。一次，我们队从加利福尼亚的帕索罗布尔斯比赛结束后驱车返回（离洛杉矶大约 4 个小时车程），我们开的是辩论队某校友捐赠的一辆破旧客货两用车。一般我总是系安全带，但这一次，我坐在车内后排中间座位上，安全带被挤进座位缝隙里，我不想再费事把它拽出来系在身上。我们在高速公路上飞驰，我一直没有系安全带。大约 30 分钟后，我突然想把安全带拽出来系上。我并没有过多去想这种直觉，我把安全带拽出来并“咔嚓”系在腰上。过了不到30秒，忽然一声巨响，汽车爆胎了。我们的车子失控驶离高速公路，载进沟里。幸运的是，每个人都系着安全带，安然无恙。如果我没系安全带，一定会在车里被甩来甩去，就像烘干机里的散币一样到处乱滚。甚至我会被从开着的车窗甩出去。这个例子说明，高认知商——毫不迟疑地听从内心声音——可能会挽救生命。

相比之下，我也看到过身边有人没有听从直觉而导致不良结果。几年前，我和我的家人去肯尼亚旅游度假，我的妻子塞琳娜忽然蹦出一个想法：她觉得她应该带些厕纸。但她并没有在意这个直觉。我们飞往米戈里（Migori）机场通关，然后换乘另一个航班前往坦桑尼亚。在机场时，我女儿要去卫生间。结果发现，那里的卫生间和我们习惯用的卫生间完全不同：在地板上设置着瓷蹲坑，要踩着蹲坑棱纹蹲在上面（在这种情况下，能长时间蹲着也是一种能力）。你猜怎么着？这里不提供厕纸。我可怜的女儿真是欲哭无泪。除非她是超人的孩子，否则一个年轻女孩（或男孩）不可能承受越来越强的肠道压力，就像胡佛大坝阻碍洪水一样。没有别的选择，我女儿在没有厕纸的情况下，自己想办法解决了。现在回想起来，如果我妻子听从她的直觉，带上一卷厕纸，女儿在走出卫生间时，会因为便急但不会因为尴尬而脸涨得通红。塞琳娜有了这种直觉，但是没有立即做出正确决定的认知商。①

---

① 在很多其他场合，我的妻子塞琳娜都表现出非常高的认知商。（这个脚注能确保本书出版上架后，我不会被赶到沙发上去睡觉。）

重视蜘蛛侠的“第六感”

我们都经历过这样的时刻，预感某件大事或某件小事会发生，却无法解释如何发生或为什么会发生。动物具有无法解释的直觉“超感觉”，并表现出我们无从理解的能力：蝴蝶以及其他生物能利用地球电磁场每年迁徙到同一个地方；野生动物在地震或火山喷发迹象之前早已逃得远远的；狗狗们有超强的嗅觉能力，甚至能嗅出癌症。在漫画书和漫画电影的幻想世界中，蜘蛛侠的“动物直觉”最强大——这位被蜘蛛咬过的蜘蛛侠能用他的第六感预测危险。

撇开蜘蛛侠不谈，我们要研究的第二种直觉是有科学依据的直觉，这意味着很多研究能使我们理解为什么某些人具有认识直觉感受的天赋，而另一些人则完全无感，没有“意识到它”。例如，你的一个朋友或家人一辈子都“霉运不断”。如果你仔细分析一下他这些年来的经历，你可能会发现，你的朋友一直是一个过度思考者，对各种做法都不会坚持长久，他的想法变化比汤姆·布拉迪[①]达阵传球还要快，在浪费时间做了很多无用的深思熟虑之后，他不可避免地还会做出错误决定。例如从选择早上穿哪件毛衣到做出人生重大决定，如选择配偶、购买汽车或申请工作。结果发现妻子人品欠佳，汽车质量不好，公司一个月后倒闭，工作泡汤——这都是在没完没了地改变主意之后发生的，自然全是“霉运”。

① 汤姆·布拉迪（Tom Brady，1977 年出生）：美国美式橄榄球四分卫，自 2000 年一直效力于新英格兰爱国者队，带领该队夺得 5 次超级碗冠军和 2 次亚军，个人 4 次荣膺超级碗最有价值球员，其超级碗达阵传球总数达到 15 次，为历史最佳。——译者注

经历过毁灭性失败的人并不是不如其他人聪明，而是往往没有注意到一些信号，没有识别出它们是什么，不相信它们或者没有认真对待它们，这都会导致事后后悔不迭。许多科学研究表明，过度分析和忽视第一直觉将极大减少恰当反应的机会。

对于那些总是过度思考的朋友，你和其他朋友和亲戚（也许还有一些心理学家）可能给他们传授了大量忠告，但没有看到你朋友做决定时有任何长进。你发现他继续错失机会，这让你感到沮丧和不安。你想帮他，但如果你知道他 5 分钟后又会改变主意，你还能怎么办？我有三个建议，可能会帮助他学会倾听内心的声音，尊重直觉：（1）选修一个知名的正念课程；（2）结交一位生活教练；（3）在纸上列出所有的直觉失误（也就是遗憾）并大声念三遍；大声读出来能启发他的思维，在下一个机会溜走前抓住它。

赢得莫名其妙

直觉研究先驱、南加州大学的葡萄牙裔神经学家安东尼奥·R. 达马西奥（Antonio R. Damasio）在《神经科学杂志》（*Journal of Neuroscience*）上发表了一篇论文，得出结论认为，我们的直觉实际上是通过情感记忆与我们的大脑相关。他研究了 16 名参试者，他们用 4 副扑克牌和 2 000 美元的游戏币来进行“赌博”。一些纸牌面值 50 或 100 美元，而其他纸牌则会输钱。受试者被要求从一副牌中自己选择翻牌。打牌的人不知道这几副牌已经被动了手脚：两副是好的，两副是被动过的，后者下注风险更大，损失也更大。结果表明，具备正常大脑功能的受试者能判断如何赢牌，尽管他们说不出个所以然来。

来自新南威尔士大学的科学家葛兰·鲁夫特盎托（Galang Luftyanto）、克里斯·唐金（Chris Donkin）和乔尔·皮尔森（Joel Pearson）将直觉和大脑之间的这种关系称为潜意识情绪信息。在他们 2016 年的研究中，研究人员试图通过对大学生（没有他们，几乎无法进行任何研究）进行一系列实验，使人们感知直觉决策过程。研究者向这些受试者展示了移动的视觉刺激，如电视节目结束后雪花点静态，然后要求这些受试者识别大片雪花点运动的方向（左或右）。当雪花点运动时，在上面覆盖一些照片，目的是给受试者提供下意识的情绪暗示。在大多数情况下，当图像出现时，受试学生能轻松地判断点的运动路径。"这项研究另一个有趣的发现是，"皮尔森说，"随着时间的推移，直觉也提高了。"

这项研究结果引人关注，一些科研机构人员认为，在某些情况下，直觉能力可以被衡量——甚至可以被传授。想象一下这将对以下场景产生的影响：参加多项选择测试的学生、赌场里的嗜赌者、招募运动员的教练、招募创新人才的老板。

在他的惊世之作《眨眼之间》（*Blink*）一书中，马尔科姆·格拉德威尔（Malcolm Gladwell）用电视剧《全家福》的例子说明直觉的力量。以所有传统指标如焦点观众访谈来看，这个电视剧注定不会获得多大成功，但制片人诺曼·李尔（Norman Lear）和网络运营商认为，他们抓住了黄金时段电视剧中从未有过的新鲜、刺激和创新性的东西。在这种情况下，李尔和电视节目经理经验背后的直觉告诉他们应该做这个节目。经验孕育直觉这个概念确实有科学依据。格拉德威尔谈道，艺术史学家能一眼识别艺术赝品，网球教练总能预见发球将是双发失误，政治说客有不可思议的能力识别一些无形的东西来表明谁会最终成为美国总统。表现出这种特殊技能的人并不具有“心理能力”，而是下意识地使用他们的专业知识，从而产生“直觉”。在制作人乔治·马丁爵士（Sir George Martin）发现披头士乐队外在的幽默和魅力中有一些原生态的东西之前，那些拒绝该乐队的众多唱片公司完全没有注意到这一点，虽然起初乔治也很难解释那究竟是什么。

感官与环境调谐：启动我们的直觉

我们其他人如何利用直觉并采取对自己有利的行动呢？如何才能成为下一个史蒂夫·乔布斯？如何防止错过应该避免坐飞机的信号呢？我们如何知道自己在直觉方面的认知商是高还是低？

关键是要意识到并接受那些无缘无故突然向我们（和其他人）袭来的想法，即使它们看起来很荒唐或令人讨厌。当我们晚上打瞌睡或要醒来的时候，常常会有一些奇怪想法。在那一瞬间，你要抓住直觉，然后判断，做出正确选择。好好想想吧。难道毕加索花了几个月时间考虑是否应该尝试立体主义？鲍勃·迪伦在 1965 年 7 月使用电吉他的时候，是否广泛征求大家的意见？

有时候，跟着直觉走意味着基于细节认知事物，比如抓住某位同事的语调变化或发现其面部细微表情。在其他情况下，它意味着莫名其妙、突如其来的古怪想法——而且坚信它们一定会发生。即使你和爱因斯坦、特斯拉在一起，你也要当心，一些同事、朋友和家人也可能会基于他们的直觉而对你提出异议。听从直觉狠下心来对抗不同意见和消极阻力。

除了那些声称在工作时“被天才想法击中”的艺术家、科学家和商界精英，有一些人是在绕着街区散步、泡咖啡、在跑步机上慢跑 10 英里、骑着“王座”自行车或听最喜欢的音乐时获得了奇妙灵感。很讽刺的是，从具体活动中分散注意力——做与工作完全无关的事情——恰恰给他们提供了绝妙的想法。已故的约翰·列侬看到小儿子西恩的画作后创作出了杰作《缀满钻石天空下的露西》（*Lucy in the Sky with Diamonds*）。（尽管有人认为这首歌曲和吸毒以及刘易斯·卡罗尔的作品影响有关。）如果不是某些报纸头条新闻吸引了他的注意力，激发了他的灵感，他也不会写出其他一些歌曲，如《浮生一日》（*A Day in the Life*）。

我们已经讨论了一些重要的问题，比如如何认识起操纵作用的社会影响力、危险的邪教行为、对时间的错误感知以及忽视直觉的危险，下面我们总结一下。在下一章也就是最后一章，我准备了一个测验来帮助大家评估和提高认知商。

第 15 章

认知商评估：

如何提高认知商

正如我们所了解的，我们能利用认知能力更有意识地生活，最终提高理解现实的能力并从中受益。我认为，我们若能在这些领域取得进步，就会给生活增添更多的乐趣。

在前面的章节中，我们对很多明显或潜在影响认知商的因素有了全面深入的了解：

1. 思维模式对身体健康产生负面影响：抑郁症

2. 醒来后感觉刚刚遭到攻击：黑暗清醒梦境

3. 体育迷们对喜爱的比赛反应极其狂热：获得冠军后（或失败后），一些球迷（公开或私下）发生骚乱

4. 有人认为在平凡俗物中看到神迹：2.8 万美元买一份烤奶酪三明治

5. 推销商使用互惠销售策略，说服消费者购买原本只想看看

的东西：汽车销售商

6. 购买带有“有机”标签的食品，尽管它们不一定更健康：光环效应

7. 名人代言影响消费者的购买决定：杰米·李·柯蒂斯

8. 对有正常生理需求的人进行评判甚至惩罚（自慰）

9. 老主顾痴迷价格过高和非常想买的稀有商品：100 美元一杯的猫屎咖啡

10. 做出和朋友们一样的金融投资决定：随大溜

11. 追随者被虚假的意识形态蛊惑：邪教

12. 因自身利益和某个时期内的共识而否认事实：否认气候变化

13. 错失一些直觉迹象，这些迹象即便不能挽救生命，也非常有益：巴迪·霍利、“大音乐家波普”、里奇·瓦伦斯。

尽管我无法对受影响的各个方面一一列举（总是有后续补充的空间），正如这个清单所示，低认知商如果没有蒙蔽我们的生活，那么至少也以很多方式扭曲我们的生活。现在，为帮助大家确定辨别幻想和现实的能力，确定自己的认知商高低，我给出以下认知商评估测试。这个评估非常有趣，耗时不多，易于回答。答题时，一定要做到诚实，根据你在面对每种情况时出于本能作答。做完后把分数累加起来得出结果（答案和分值见后——不要偷看！），你会学到应该如何做决定，发挥创造能力，抛弃那些无心偏见，不再理会假货，避免上

当受骗，信任那些值得信赖的人。

认知商评估

选出下面 20 个问题的答案。

1. 当你坐在星巴克享用咖啡时，一位美女或帅哥送给你一些小册子，告诉你有机会参加由她或他的一位学者朋友主持的当地聚会，并从中得到巨大欢乐，她或他称，这位学者朋友是一个“天才”。你会：

A. 与其交谈，阅读小册子，出于好奇去参加这个聚会。

B. 和此人出去约会。

C. 礼貌地说：“不，谢谢，我不想参加你们的宗教活动。”

D. 告诉这个人赶紧走并给警察打电话。

2. 你最喜欢的美国国家橄榄球联盟球队终于在 20 年来首次打入超级碗冠军赛——但是在加时赛三垒安打漏接球而输掉了比赛。你会：

A. 为此难过三天，不停地吃大桶薄荷巧克力和冰激凌。

B. 和朋友一起午夜买醉，惹是生非，放火烧车。

C. 在接下来的几个月里把你喜爱的球队队服折叠起来

收好，开始考虑以后关注棒球。

D. 花 1 000 美元购买橄榄球锦标赛的运动衫和纪念品。

3. 你拥护的一位当地政治家在电视上发表讲话，说有关水质污染的新闻报道完全失实，你的饮用水是完全安全的。你从水龙头接了一杯水，发现闻起来很奇怪。你会：

A. 不管怎样，还是把水喝了。

B. 转念一想，你觉得那股怪味只是你的想象罢了，你把水倒掉，从水龙头又接了一杯，一饮而尽。

C. 写信给这个政治家，告诉他他是个浑蛋，你永远不会再投他的票了。

D. 把水倒出来，在喝之前先化验。

4. 汤姆·汉克斯成为某全国人寿保险方案的产品代言人。你会：

A. 放弃你当前的保险单，转而支持汤姆·汉克斯推荐的这个保险。

B. 投资汤姆·汉克斯推荐的保险公司，因为你认为股票会飙升。

C. 指责汤姆·汉克斯拍的电影都是垃圾，因为他已经过气，现在转行推销产品了。

D. 花数小时在网上搜索该保险公司，了解它提供哪些保险，为什么像汤姆·汉克斯这样的名人会做它的产品代言人。

5. 在飞往布鲁塞尔的前一晚，你梦见你乘坐的飞机坠毁了。你一身冷汗地惊醒。你刚要告诉你的丈夫这个噩梦，他告诉你他做了一个梦，梦见你在布鲁塞尔飞机失事中丧生。你会：

A. 发誓不再坐飞机，坐轮船去欧洲。你登上船头，手臂伸向空中，大声喊道："我是世界之王！"

B. 预订其他航班飞机。

C. 登机前大吃大喝一顿。

D. 询问所有的朋友和家人该怎么办，然后根据大多数人的意见行事。

6. 你第一次做鸡肉馅饼。当把热气腾腾的馅饼从烤箱里拿出来时，你发现馅饼酥皮上的裂缝形成了一个人脸图案，而且不可思议地非常像耶稣基督。所有的朋友和家人都看到了这个馅饼，他们说你烘烤出了奇迹。你会：

A. 不以为然地吃掉馅饼。

B. 用你的苹果手机拍照，并把照片贴在社交媒体上。

C. 在 eBay 上拍卖，起价 1 万美元。

D. 给梵蒂冈教皇打电话，把馅饼保护起来，然后把它放在一个保护完好的玻璃展柜里。

7. 你从一场紧张的噩梦中惊醒，你梦见有人潜入卧室掐你的脖子。你似乎仍然感到有一只手在喉咙处。你对此念念不忘，当要睡着的时候，总是奇怪地感觉有人在房间里。你会：

A. 把你这段精神经历写成书并自费出版。

B. 环顾四周，寻找是否有小偷闯进来的证据，如果发现可疑，打电话找警察。

C. 打电话给《晚间新闻》节目，提醒邻居防备有人非法入室。

D. 马上报警求助。

8. 你的一个脸书好友发布了你从未听说过的某杂志上的一篇文章，文章说吃太多蔬菜尤其是西蓝花容易致癌。你会：

A. 清空冰箱里的所有蔬菜，发誓再也不吃绿色食品了。

B. 将文章转发到脸书和其他社交网站媒体。

C. 对这篇文章嗤之以鼻，不再关注你这位朋友转发的帖子。

D. 想到你到现在已经吃掉这么多蔬菜，感到非常焦虑，花几个小时上网搜索吃蔬菜患癌症致死的案例。

9. 你在酒吧里和 6 个朋友玩得很愉快。入夜后，一个朋友说，酒吧人太少了，大家应该去街对面那家酒吧，因为那里人很多，他能听到那里音乐声震天响。两个朋友同意了，起身要走。剩下的三个朋友说，“我们不去了，谢谢。我们在这里很高兴。”你会：

A. 同意离开当前这家酒吧。显然，这里人气不旺，如果你还待在那里，别人会认为你很失败。

B. 在做决定之前，你叫住所有人，用你的手机搜索网友对这家酒吧的评价。

C. 直接回家。因为你觉得那些要离开去另一家酒吧的朋友们让大家不欢而散。

D. 待在原地，因为你在那里玩得很愉快，而且你想待在一个安静的地方，听听你的朋友说些什么。

10. 阿尔·戈尔是哈佛大学某科研小组的发言人，这个小组得出结论称，气候变化速度比以前所认为的速度要快 20%。你会：

A. 告诉你的哈佛大学毕业生朋友不要再给哈佛校友组织捐款。

B. 停止使用与汽油和电力有关的所有产品。

C. 阅读研究成果，得出自己的结论。

D. 写信给阿尔·戈尔，说他在互联网上捏造谣言。

11. 深夜，你在公园里正走着，发现有一个可疑的人可能要袭击你。你会：

A. 用你手机的手电筒照一下，仔细看看情况，然后迅速跑走。

B. 用苹果手机拍一张那人的清晰照片，在社交媒体上发布。

C. 惊慌失措，用你的苹果手机砸向这个人。

D. 当那个可疑的人接近时，给好朋友打电话，向他描述那个人的长相。

12. 你是一家大公司的领导，和你的员工一起在湖边举行户外活动。你不会：

A. 组织角色扮演游戏。

B. 讨论公司未来发展和每个人的工作。

C. 进行必要的户外运动，如滑水，让每个人都能看出你在运动健身。

D. 带上你忠实的拉布拉多犬参加活动。

13. 你正在参加每周宗教活动。在布道时，活动组织者讲道，有红头发的人都被魔鬼缠身。他们必须战胜一切邪恶和无法控制的淫欲。参加集会的有人是金发，有人是棕发，大部分人齐声喊“阿门”。你会：

A. 把头发染成红色，然后去泡吧。

B. 大笑不止，笑得胸口疼。

C. 和你伤心哽咽的红头发朋友一起离开。

D. 寻找证明红头发的人并不比其他颜色头发的人邪恶的研究，并把你的发现寄给该宗教活动组织者。

14. 在公司会议上，你的老板在白板上写下最后决定和下一步工作步骤。你认为他的想法存在失误，接下来的步骤没有意义。你正要对此提出质疑，但老板宣布这是公司新的业务方向。你周围的每个人都热情地点头同意并且鼓掌。你会：

A. 对你的老板喝倒彩，并把拿铁泼他一身。

B. 与别人一起鼓掌。

C. 坐着生闷气。

D. 礼貌性地鼓掌，然后在当天晚些时候和老板私下交流。

15. 你参加了一位著名超灵表演者的演出，他表演的是读心术。他从观众中选择你参加他的演示。在问了你几个稀奇古怪的问题后，他准确地说出了你的姓名、年龄、职业和居住地。观众惊诧万分。你会：

A. 设法弄清楚他在对你了解甚少的情况下如何能识别你这么多信息。

B. 认为这位超灵表演者骗人，在表演前从你母亲那里获得了你的信息。

C. 认为这位超灵表演者有超能力。

D. 告诉你那些看过这个节目的朋友，这个表演者是个骗子。

16. 电视上，多年来你一直喜欢的演员乔治·克鲁尼让你承诺捐钱帮助拯救世界濒危物种蛞蝓[①]。他说，如果蛞蝓数量过少，土壤就会退化，从而破坏食物供应。你会：

A. 诘问电视台制作方。

B. 马上打开支票簿，寄100美元拯救蛞蝓。

C. 跑到户外收集你能找到的每一条蛞蝓，并开始精心养殖它们。

D. 换电视频道，看是否有电视剧《急诊室的故事》的重播。[②]

17. 你在洛杉矶一家时尚酒吧里。许多顶级演员、模特、艺术家、作家、制作人、音乐人和潮流达人济济一堂。不知怎么的，你和米拉·库尼斯（Mila Kunis）、斯嘉丽·约翰逊（Scarlett Johansson）、黛米·摩尔（Demi Moore）、凯特·阿普顿（Kate Upton）、梅根·福克斯（Megan Fox）这些人攀谈起来。黛米说，她的杯子里是最热门的新款鸡尾酒——胡须野狗酒。价格150美元一杯，但完全物有所值，因为它的两种关键配料——野狗的唾液和鼹鼠的胡

① 蛞蝓：一种对农作物有害的软体动物，以蔬菜和瓜果叶子为食，俗称“鼻涕虫”。——编者注

② 《急诊室故事》（“*ER*”）：美国著名电视剧，1994年开播，先后获得21项艾美奖及115项提名，讲述发生在美国芝加哥一家急诊室里真实而又感人的故事。好莱坞著名男星乔治·克鲁尼正是凭借该剧走红。——译者注

须——在洛杉矶大多数酒吧里很难找到。她一饮而尽，咂咂嘴，发出“美味”的感叹。米拉、斯嘉丽、凯特和梅根竞相冲向那家酒吧，在胡须野狗酒还没有卖光之前，赶紧买了一杯尝尝。你会：

A. 拍张黛米手拿酒杯的照片，并发短信给所有朋友，告诉他们胡须野狗酒是有史以来最热门的饮料。

B. 静观其变，看看哪个美女最先“喝了呕吐不止”。

C. 和那些美女一样，甩出 150 美元买一杯尝尝。

D. 拿出电话，在线订购预做的胡须野狗鸡尾酒，售价 300 美元。

18. 你在机动车管理局前排队排了一个小时了。15 分钟过去了，队伍丝毫没有往前走的迹象。你会：

A. 对身后的人说：“我感觉好像要永远排队了。”

B. 给你妈妈发短信：“我宁愿去喝一杯胡须野狗酒，也不愿意再排一分钟。”

C. 骂机动车管理局领导，认为他们的服务“糟透了”。

D. 阅读电子书。

19a. 请男性读者作答（女性读者请答下面的问题 19b）：你的妻子是一位理发师，她告诉你，你新长出来的胡子奇丑无比，而且还会扎得她疼，你应该马上把它刮掉。你照了照镜子。你认为她可能是对的，但又一想，她这样说是因为她总是喜欢批评你。你会：

A. 到理发店去，请人好好整整胡子。

B. 坚持自己的观点——让胡子疯长，好像你是布鲁克林的潮人一样。

C. 征求你办公室最漂亮的女同事的意见，然后再决定。

D. 马上把它刮掉。

19b. 请女性读者作答（男性读者请答上面的问题19a）：最近你一直在想，你的牙齿是不是变黄了，是否应该美白一下牙齿。你问你当牙医的丈夫的意见。他看了看你嘴里的牙，想了一下然后说："你的牙齿看起来很完美，一如既往；我觉得保持原样就行。"你会：

A. 对他大吵大闹，说他是个骗子，只是为了安慰你才那样说的。

B. 问问你朋友杰瑞的意见，他碰巧是一位牙医，住在隔壁。

C. 出门到就近的药店购买美白牙贴。

D. 感谢你的丈夫，喝杯拿铁作为对你一贯注意口腔卫生的奖赏。

20. 时光倒流，我们回到"十字军东征"时代。教皇发表了一篇威严的演讲，敦促你们帮助他重新夺回圣地。你认识的人都冒冒失失地报名参战并向耶路撒冷挺进。如果你不去，当地神职人员威胁把你投入监狱。你会：

A. 高唱“前进，基督精兵！”加入十字军。

B. 卧床不起，高唱《给和平一个机会》。[①]

C. 把自己装扮成一个疯子，免除服兵役义务。

D. 冒被抓住和被惩罚的危险偷偷溜走，尽可能跑得远远的。

下面是测试题的参考答案及解析，全答对者认知商最高。每题 1 分。

1. C　2. C　3. D　4. B　5. B　6. A　7. B　8. C　9. D　10. C　11. A　12. C　13. C　14. D　15. A　16. D　17. B　18. D　19. D（男性读者回答问题 19a，女性读者回答问题 19b，答案相同）20. D

解析：

17 ~ 20 分：高认知商。你的认知商高得爆表！

① 《给和平一个机会》（“*Give Peace a Chance*”）：由约翰·列侬创作并演唱，1969 年由塑料洋子乐队（Plastic Ono Band）发行于苹果唱片，它是列侬发行的首张单曲。为了向世界发出反对越战的呼声，列侬采用了一种看似非常偏激的方式，他和小野洋子在阿姆斯特丹举行了著名的“为和平而卧床”（Bed-in For Peace）运动，他们的口号是“给和平一个机会”，列侬为此创作了这首同名反战歌曲。——译者注

11 ~ 16 分：平均认知商。你的认知商很高，但有时你会做出错误判断，让你偏离正确决定。

0 ~ 10 分：低认知商。你应慎重进行网络购物或小心被忽悠进邪教组织。

思维方式和认知商

不管你在测试中的成绩如何，有一点是肯定的：这个测验无法反映你在经历这些情况时的情绪反应。正如我们在这本书中所说，很难做到在情绪激动时还能认清现实。所有做法都有不同的理由解释。同样一个景象，在现实世界中可能有不同含义。我们的感官——视觉、感觉、听觉、味觉、嗅觉和触觉——无法做到百分之百的客观，因为我们会思考我们的经历，即使这只是片刻之间的事情。因此，可以通过重视直觉、批判性思考、个人独立思考和个体情绪来提高认知商。这四种方法都是培养高认知商的有效途径。为帮助大家培养这四方面的能力，下面我概述一下有助于在这些方面提高的一般技巧。在评估测试中，我列出了反映各种思维类型的问题序号，这能够帮助我们有针对性地找到需要改进的方面。

通过重视直觉提高认知商：问题 3、4 和 5

第 3、第 4 和第 5 题是三个考验直觉的问题，如果你做错这三道题中的任何一道，说明你还有所欠缺。上一章中我们讨论过，直觉思维是在“紧要情况下”最难识别和解释的能力。有人可能会质疑你的直觉决策。这里，我用了飞机失事的明显迹象和因水质污染而感到恐慌这两个警告性例子说明我们应该怎么办。在这两种情况下，你的直觉都像守护天使一样给你提供重要的暗示信息，防止发生灾难性后果。留心自来水恶心的味道能够防止犯严重的错误，比如摄入铅或砷。

当然，直觉信号也可能产生积极作用，比如激发创新思维，造就一幅画、一首歌或者一个故事那样的新理念作品。在第 4 题中，汤姆·汉克斯是一位保险推销员，我提醒你注意直觉感受：如果汤姆·汉克斯——好莱坞最受信任的明星——称赞某家公司或某个产品，这一定能确保该公司的股票上涨吗？这是一个有争议的直觉思维，也是有风险的思维，但这恰恰是我要讲的重点：这种想法可能带来丰厚的回报。当然，人们也可以通过批判性思维来避免因迷信名人推销而投资失败——但我给出的另外三个选项清晰地显示了低认知商。

在关键时刻听从你脑子冒出的想法可能挽救你的生命，让你的职业前景或经济状况向更好的方向发展，甚至帮助你建立持久的人际关系。认知商高的人对直觉思维非常重视，他们似乎总能“预测正确”。但这还不是我在这里重点要阐述的问题。在没有逻辑做法的情况时，他们遵循自己的第一直觉。当你处于这种情况时，自己试一试。你得到的结果很可能并不会比你经过无用的深思熟虑后再行动所得到的结果更差，凭直觉行事，你更有可能做出明智的决定。

通过批判性思维提高认知商：问题 1、6、7、12、15 和 16

这些问题测试当你的思维和感觉告诉你一些可疑信息是真实的时候，是否具备批判性思考的能力。下面是高认知商的人的答案，原因如下：

一个有魅力的人拿着宣传册在星巴克跟你搭讪，尽管有吸引力或好奇心，你仍然把她或他赶走。请注意，这种情况可能真的存在：邪教组织就经常利用有吸引力的人来引诱他人落入圈套。

如果你在馅饼上看见耶稣基督图案，趁热吃掉。

如果梦见有人想勒死你，惊醒后应寻找非法入室者的证据来减轻恐惧。如果没有什么发现，把它权当一个黑暗清醒梦境。如果你找到证据，马上联系警察。

如果你是一位组织室外活动的公司领导，最愚蠢的事情是强迫员工去做户外运动，他们可能会反感这样做，因为这只会让他们羡慕你的体格和奉承你。

如果一个超灵主义者做出惊人之举揭示了你的一些信息，尽量弄清楚他是怎么做到的，这或许很有趣。你可能不会这样做，但这远远好过一些荒唐的极端行为，例如称他是个骗子或认为他有超自然能力。

如果乔治·克鲁尼想要拯救蛞蝓，让他去做好了——但你别做任何事。如果他碰巧是你喜欢的男演员，只看《急诊室的故事》电视剧重播或他主演的新电影就够了。

在上面的例子中，我建议你通过批判性思考决定如何应对这些情况。如果你有很高的认知商，你会质疑你的大脑想要说服你去做的事情。批判性思维意味着让自己暂时停顿，远离这些幻想，尽量找到真相。如果无法获得真实情况，应利用批判性思维获得高认知商，也就是说不要因为一些荒谬而有害的事情牺牲你的信誉和名声。这可能有些困难，因为这些情况下的情绪反应非常强烈而真实（比如梦到被攻击而感到害怕）。如果你在这方面过于敏感，可以寻求指导、咨询或其他治疗帮助。

通过独立思考提高认知商：问题 8、9、13、14、17 和 20

我设计这些问题的目的是测试你在不同情况下的抗压能力。你会随大溜或者因为大多数人都说某件事是真的就相信某种愚蠢的想法吗？个人独立思考意味着当没有事实根据支持一些言论时，仍然能做到与众不同。有时，直觉思维和批判性思维对独立思考起到一定作用，但偶尔也会带来误导。对于前者，一些人可能会让自己看起来好像他们的直觉思维（如接近超自然力量）能让你放心加入他们的邪教。在后一种情况下，如果某个团体以大量所谓的事实为依据进行不实宣传，并且成千上万的人点击“喜欢”按钮，你可能会受影响随大溜，相信一些假新闻。

在第 8 题中，我提出了一个问题，有人提出荒谬的观点说吃蔬菜会致癌。我设计这个问题的原因很简单。这个夸张的例子和在社交媒体页面上发表和转发的一些耸人听闻的观点并没有多大差别，都说明总有些人特别容易受骗（或神经质），别人说什么都相信。然而，这个问题的答案并不是非常明确，我猜你们中的一些人很诚实地选择了答案 D（“感到焦虑”和“在线搜索吃蔬菜致癌的例子”）。如果选择正确答案 C（对这篇文章嗤之以鼻，不再关注你这位朋友转发帖子），这说明你有很高的认知商，你不会考虑那些无稽之谈，也不会浪费宝贵的时间去看那些没有信誉的人后续发表的文字。（要验证网络谣言，我推荐 Snopes.com 网站。[①]）

关于酒吧的第 9 题，测试你的认知商被大众选择压力所操纵的程度（也就是人气更旺的酒吧）。正确答案是 D，因为如果你感到很舒适，愿意和那些留下来的朋友待在一起，想在没有刺耳音乐的干扰下听清他们的话，那么没有理由离开现在这家酒吧。答案 B（比较网上对这家酒吧的评价）在那天晚上你出门之前这么做还有些价值，但现在再这么做时机就不对了，因为不会有人耐心等你深思熟虑，此外还可能会造成不必要的优柔寡断和戏剧性场面。（我就认识这样做事的人，总让人沮丧。）

在第 14 题中，我试图展示工作场所中的非独立思维，因为老板在白板上写的东西并不意味着它一定正确（一个证据是，只要看看电视剧《办公室》中的任何一个情节就明白了——它一针见血地讽刺了美国和英国社会办公室生活）。盲从老板的意见，随大溜或者让自己和老板都尴尬，都不足取。最明智的做法是拿好你的拿铁，表现出职

① Snopes.com：美国一家专门核查并揭穿谣言和传闻的网站，由一对美国中年夫妇在 1995 年创办。针对各种传闻或有争议的问题，网站会验证各种说法的真实性，在分析论证后得出最终结论。——译者注

业精神，然后私下和老板交流。

第 17 题，就我个人而言，如果我的一个朋友在和米拉、斯嘉丽、黛米、凯特和梅根在一家酒吧相遇，我承认他可能会受影响购买她们享用的任何东西（不管是不是胡须野狗酒）。答案 B 表明高认知商，因为通过“静观其变”，你抗住压力独立思考（以及批判性思考）。

最后一个问题第 20 题关于十字军东征，我想测试面对各种压力，如监禁、社会流放甚至是身体伤害，你能否从人群中脱颖而出并且独立思考。虽然人们很想看看教皇是否会执行第八条处分（拒绝服兵役），本题的正确答案是逃跑——尽快逃离此地，拯救你自己而不是投入一场没有意义的战争。

通过个体情绪提高认知商：问题 2、10、11、18 和 19

最后，当情绪变化时，我们有时会做出出格的行为，各种逻辑和理性都被抛诸脑后。在其奠基性著作《情商》一书中，丹尼尔·戈尔曼（Daniel Goleman）将此称为“洞穴人大脑”（cave brain）；我们的情绪在高压环境下占据上风，我们回到原始人般的思维和反应之中。

问题 2：大家都知道，当球队或输或赢时，狂热的体育迷们会暴露出本性，他们无法控制自我，对日常生活中无关紧要的事物做出过激反应。如果你是一个成年人，一点儿也不关心 6 月中旬的橄榄球比赛，你或许应该远离娱乐与体育节目电视网——如果不是需要一些教练或治疗。

问题 10：社会和政治问题会引起情绪反应。无论你是自由主义者还是保守主义者，我们这个星球上发生的事情和你都有利害关系。作为一个民主党人，戈尔播报灾难性新闻这并不重要：但如果来自可信的来源（如哈佛大学）的科学事实表明，我们的生活环境将面临厄运和灾难，你应该予以关注。

问题 11：很多人认为手机是贵重财物，所以不要到处乱扔。相反，当你最需要它的时候，就应把它作为一个工具使用：照一照，帮助辨别事实，即便在你情绪激动时（比如恐惧）。

问题 18：面对官僚主义做派和你觉得自己的时间被浪费掉的时候，很容易让人发火。在这些情况下，随着时间的流逝，我们都会变得不耐烦。最好的做法不是把责任归咎于懒懒散散、消极怠工的机动车管理局工作人员，而是通过阅读分散注意力。或者做个猜字谜游戏，或者以和你一样在排队的人为模特，信手画一些有趣的漫画。随便做点事情打发时间。在这种情况下，谨慎使用电子设备，它会加速你对时间流逝的感知。

问题 19 a（对男性读者）：我在这里提供了一些线索解释为什么应该剃掉胡须而不是尝试继续让它生长来“证明你有正当理由”。首先，尽管你的妻子可能有偏见，因为她不喜欢大胡子，或者作为你的妻子，她对你有一些先入为主的观念，但在这个场景中，她是一位美发师，这意味着她懂得妆容打扮。其次，在这个问题中，我有意提到你对胡子怀有疑问，这说明你可能对你妻子的批评有情绪反应。

问题 19 b（对女性读者）：自我认知并不总是精确无误的。丈夫可能会忍不住说些他认为妻子想听的话，但在这个问题上，丈夫在回答前确实认真查看了你嘴里的牙齿。毕竟他是一名牙医。正确的答案——不带情绪化的回答——是妻子应该感谢丈夫的称赞并且按照自己的想法行事。去杰瑞（隔壁牙医邻居）那里再问问他的意见（选项 B）对丈夫来说未免是过于直白的无礼，购买美白牙贴（选项 C）显得缺乏自我克制。如果你非常渴望美白牙齿，尽管你有牙医丈夫的评价，你不妨礼貌地告诉他你不同意他的观点，要求他提供专业建议（这可能比去商店购买牙贴更有效）。

有些人很难做到面对压力时抑制情绪，如果这是个长期形成的问题，我不建议你采取什么捷径改正。但是如果你被“洞穴人大脑”左右并且几乎没有认知商，不惜一切代价也要克制情绪反应。做三次深呼吸放松一下情绪，也可以把事情缓一缓再解决。

你迟早会明白我的良苦用心的。

后记

认知商：终极感知

现在你能消化理解关于认知商的 15 章内容并进行评估——这几乎可以使你成为一名专家——拥有这些知识后，你打算做什么？在购买某个名人推荐的产品之前，你会反复斟酌吗？当你在跑步机或椭圆跑道上跑步时，针对某种突如其来的神奇想法，你会把它记录下来——甚至看是否有可能实施这种想法吗？如果你发现在一块鲁宾三明治上有教皇的肖像，你会拒绝出价 2 万美元买它吗？

当各种信息混杂在一起，世界混沌不清，你的感觉似乎无所适从时，怀疑、逻辑和情商是你探测和正确解读你所经历的事情真相的重要盟友。

另一方面，准确把握直觉——你的第六感——同样非常重要。如果你梦到某些数字并试着根据这个“直觉”做出反应，你买彩票会中奖吗？胜算不大。但如果你无缘由地有刺痛感，不妨好好重视它，这对你没有害处。在检验直觉时要评估风险与价值，也许这会让你走上新的职业道路，或给你灵感让你最终完成你的小说。只是不要等待过久才做决定：正如第 13 章所说，我们都应该懂得时间是多么短暂。

鉴于此，我希望听到你关于认知商的想法和你个人对它的感受，以及任何你未来想从我这里听到的东西。你可以通过我的网站 www.PerceptualIntelligence.com 和我联系。也可以在网站上了解我的巡回演讲信息。

同时，我向你提出关于认知商的终结性反向思考问题，为什么从幻想中辨别现实并不总是百分之百必要：

你的眼睛看见了真实的世界，但缺少了想象力，你将无法准确、恰当地描述你的所见。

致谢

作为一名医科学生，我在妇产科轮岗期间，接生过20个孩子。眼前这本书是我的第21个孩子。没有我的团队在产房里协助我，是不可能收获手中这份喜悦的。

以下人物排名不分先后。

我的经纪人戈登·沃诺克（Gordon Warnock）一直对我和我对本书的构思充满信任。你是从天而降的超级英雄，拯救这个项目免于夭折。我的好搭档盖瑞·M.克雷布斯（Gary M. Krebs）懂得我的想法，最重要的是他懂得我的幽默——和他一起工作很有趣！大卫·内耶（David Nayor）在本书萌芽时期就一直非常关心。在本书还仅仅是个构想时，乔纳森·弗兰克斯（Jonathan Franks）给予我持续的督促和坚定的信念，谢谢你。蒙特尔·威廉姆斯（Montel Williams）自始至终支持我——你总是给我令人难以置信的灵感。哈维－简·科瓦尔（Harvey-Jane Kowal）一直根据自己的丰富经验聆听和提出建议。凯伦·考斯托尼伊科（Karen Kosztolnyik）总是在暗中帮助我——任务终于完成！帕姆·施莱弗（Pam Shriver）总是开诚布公地与我分享你的想法。马尔文·盖尔普（Marvin Galper）博士，谢谢你向我讲解你的专业知识和经历。马特·托灵顿（Matt Torrington）医学博士，谢谢你告诉我你对多巴胺和嗜好成瘾的见解。谢谢新世界图书馆出版公司的格鲁吉亚·休斯（Georgia Hughes）对这本书的倾力支持，并把认知变成现实。还要真诚地感谢莫妮克·米伦坎普（Monique Muhlenkamp）、蒙罗·马格鲁德（Munro Magruder）、克里斯汀·凯什曼（Kristen Cashman）和新世界图书馆出版团队其他成员为这本书做出的巨大努力，确保它能展现在广大求知若渴的读者面前。我要感谢咪咪·库施（Mimi Kusch）用她的X-Acto牌修补刀进行排版编辑工作，在地上留下了许多被裁剪的手稿碎片。谢谢你，咪咪！还要感谢理查德·福克斯（Richard Fox）给我们指明了艺术研究的正确方向。感谢黑石音频（Blackstone Audio）让我在《认知商》的有声读物中听起来声音悦耳（对我来说，以很多“个性化”语调为听众讲述知识实在是太有趣了）。

特别感谢达特茅斯医学院（Dartmouth Medical School）校友、我的朋友约翰·肯尼迪（John Kennedy）医学博士听取我的想法并以作家的身份提出建议。还要特别感谢著作等身的作家、粉丝兼鼓励者博泽·哈德利（Boze Hadleigh）永远相信我能成功。谢谢你，安娜·查马拉（Ana Zamalloa）分享杰瑞在秘鲁的见闻。谢谢美国奥委会的卡罗尔·格罗斯（Carol Gross）的帮助。阿里·盖尔普（Ari Galper），我非常感谢能在校园里遇到你，当时我们都是 12 岁的孩子，我非常珍视几十年来来自你的友谊和明智的建议！丹·肯尼迪（Dan Kennedy），感谢您多年来在写作和策略方面提供的巨大帮助。特别感谢苏珊和诺姆·尼尔森（Norm Nelson）、杰夫·斯顿卡德（Geoff Stunkard）、鲍勃·麦克勒格（Bob McClurg）和列昂·佩拉希亚（Leon Perahia）证实了我的直觉，即普利茅斯某款跑车的名字“我的好奇之黄”（Curious Yellow）来自瑞典一部 X 级电影。

特别谢谢我的妻子塞琳娜，她一直陪伴我左右，没有言语可以表达我对她的感激之情，经过 24 年婚姻生活，买再多鲜花都不足以表达我的谢意。感谢我的双胞胎女儿，在多个周五晚餐桌上，我们一起进行“玫瑰和荆棘”的讨论，讲述一个星期以来跌宕起伏的生活，她们饶有兴趣地聆听，问了很多关于图书出版的肥皂剧般的问题。

感谢关心我的专家、我私人执业的贝弗利山庄中特别有耐心和非常敬业的员工——他们中很多人和我在一起共事十多年了，他们是我的第二个家庭。

特别感谢老朋友罗恩·汤姆森（Ron Thomson），在午夜钟声敲响之前，他读着莎士比亚剧作陪着我。愿友谊长存！

最后，我要感谢那些修补我们坑坑洼洼的道路的马路工人。这与本书没有关系，但很少有人想到感谢他们。所以这里我想说：“谢谢你，敬业的马路工人，你们为我们的道路和轮胎提供了安全。你们确保了柏油路平整顺畅，才使得数百万计的车主在开车上班的路上一路顺畅，我代表他们感谢你们！”

本书作者

布莱恩·鲍彻·瓦彻勒（Brian Boxer Wachler）：医学博士，人类认知研究专家，圆锥角膜病治疗、激光视力矫正和干眼症治疗领域世界级权威之一，长期致力于眼科手术工作。20 年来，他在临床和学术研究领域都颇有建树，堪称美国医学界的翘楚。他的研究领域广泛，对人们的思维方式和大脑工作方式也颇有研究。

目前，他任贝弗利山庄鲍彻·瓦彻勒视觉研究所主任，洛杉矶知名西达－赛奈医学中心（Cedars-Sinai Medical Center）主治医师。

布莱恩博士在眼科学及眼科手术领域做出了巨大贡献，在职业生涯中荣获了 39 项各类荣誉和奖励。他被公认为通过霍尔科姆 C3-R 无创治疗和角膜环植入治疗取得的重大突破而革新了圆锥角膜病治疗方式；在医疗行业内外，他被尊为“圆锥角膜病宗师”，并出版了 3 部相关专著。2010 年，因其针对圆锥角膜眼疾治疗发明的霍尔科姆 C3-R 疗法，布莱恩博士荣获“朱勒斯坦生活致敬奖”（Jules Stein Living Tribute Award），一同获奖的还有美国雪车队队员史蒂文·霍尔科姆（该手术以该患者名字命名）在完成手术后获得冬奥会金牌。这一手术挽救了数千名圆锥角膜病患者，以前他们需要接受痛苦的创伤性角膜移植手术治疗。有关圆锥角膜病、史蒂文·霍尔科姆的经历以及霍尔科姆 C3-R 治疗方法的更多详细情况，见网址 www.KeratoconusInserts.com。也可阅读史蒂文的著作《重见光明：从失明到奥林匹克金牌得主》（*But Now I See*：*My Journey from Blindness to Olympic Gold*，BenBella Books，2012）。

冬奥会金牌得主史蒂文·霍尔科姆（左）和布莱恩博士

在治疗因佩戴眼镜和隐形眼镜所导致的屈光不正——眼睛无法正常聚焦而导致的视力问题，如短视（近视）、远视（远视）、散光和老花（需要借助老花镜）治疗方面，布莱恩博士是一位公认的创新型权威。布莱恩博士就最常见的屈光手术类型——激光视力矫正问题曾发表过著名报告。布莱恩博士在激光视力矫正方面的研究为整个行业建立了指导方针，使激光视力矫正成为最安全的医疗手术之一。布莱恩博士还开创了眼白棕斑，即雀斑，以及眼部充血即红眼病的手术方法。在治疗翼状胬肉、结膜黄斑以及太田痣方面，他也有独到的手术治疗方法。他还在深度白内障手术方面经验丰富。有关所有这些手术信息，参见网址 www.BoxerWachler.com。

布莱恩医生先后撰写了 84 篇医学论文和 20 部专著相关章节，完成了 276 项科学研究报告。他独立完成 4 部著作并有相关发明问世，包括两项干眼症治疗专利。他参加过美国食品药品监督管理局（FDA）的 15 次新技术临床试验评估。他是一名专科资格认证眼科医师、美国外科医疗协会（American Academy of Ophthalmology）会员。布莱恩博士在多个组织机构担任领导职务，包括任医疗健康服务网站 WebMD 医学编辑。他在很多主要电视新闻网络都开设专题节目，并被多家报纸和杂志报道。更多关于他的媒体报道，请访问互联网电影资料库（IMDB）相关页面。

布莱恩医生和他的妻子在洛杉矶生活，两人于 1993 年结婚。值得注意的是，他是少数的使用女方姓氏的美国男性之一；他们结婚时，他和他的妻子将彼此姓氏结合在一起构成“鲍彻·瓦彻勒”。他们有一对未满 10 岁的可爱双胞胎女儿。布莱恩博士喜欢和她们针锋相对地辩论（正如他在大学里那样），并使用在大学辩论队时的技巧限制她们沉迷玩 iPad。

注释

引言

2009 年，成千上万的游客涌向："Virgin Mary Seen in Tree Stump in Limerick," *Belfast Telegraph*, September 7, 2009。

各种调查显示：C. Taylor, "How Many People Actually Manage to Have an Out of Body Experience?," June 14, 2014, Out-of-body-experience.info/how-many-people-had-an-obe。

国家 UFO 报告中心数据表明：National UFO Reporting Center, data from 2016, www.nuforc.org/webreports/ndxevent.html。

所有的查尔斯·邦纳综合征患者：Maureen A. Duffy, "Charles Bonnet Syndrome: Why Am I Having These Visual Hallucinations?," *Vision Aware*, www.visionaware.org/info/your-eye-condition/guide-to-eye-conditions/charles-bonnet-syndrome/125。

有一种叫作"联觉"的健康状态：Siri Carpenter, "Everyday Fantasia: The

World of Synesthesia," *The American Psychological Association Journal* 32, no. 3 (March 2001) , www.apa.org/monitor/mar01/synesthesia.aspx.

昆虫眼睛中的晶状体最多可达 2.5 万个："Evolution of the Insect Eye," University of Minnesota Duluth newsletter, www.d.umn.edu/~olse0176/Evolution/insects.html。

另一方面，只有速度达到：Thomas J. Lisney et al., "Behavioural Assessment of Flicker Fusion Frequency in *Chicken Gallusgallus domesticus*," Science Direct 51, no. 12 (June 2011), www.sciencedirect.com/science/article/pii/S0042698911001519。

在其名著：L. Michael Hall and Bob G. Bodenhamer, *The User's Manual for the Brain*, vol. 2 (New York: Crown, 2003)。

第 1 章

1999 年，安迪 · 沃卓斯基和拉里 · 沃卓斯基共同执导：Evan Katz, "Am I Dreaming? The Matrix and Perceptions of Consciousness," January 18, 2013, Philflmrhodes.blogspot.com/2013/01/am-i-dreaming-matrix-and-perceptions-of_18.html。

该片监制安德鲁 · 梅森：Paul Martin, "Interview with Andrew Mason," *MatrixFans.net*, February 13, 2012, www.matrixfans.net/interview-with-andrew-mason-executive-producer-from-the-matrix-1999/#sthash.A7gmGxph.dpbs。

神经学家山姆 · 哈里斯把思维描述为：Sam Harris, "The Self Is an Illusion," YouTube video, September 16, 2014, www.youtube.com/watch?v=fajfkO_X0l0.

"韦氏在线词典"这样定义：*Merriam-Webster's Learner's Dictionary*, s.v. "Perception," accessed May 18, 2017, www.learnersdictionary.com/defnition/perception。

在《按常识原理探究人类心灵》：Thomas Reid, *An Inquiry into the Human Mind: On the Principles of Common Sense*（Charleston, SC: Nabu, 2010）, reproduction of the original text。

哲学家对此仍然争论不已：Jim Baggott, "Quantum Theory:If a Tree Falls in the Forest...," *OUPblog*, Oxford University Press blog, February 14, 2011, Blog.oup.com/2011/02/quantum。

感觉器官包含探测身体感觉的受体："Receptors," *CNS Clinic*, www.humanneurophysiology.com/receptors.htm。

经过修正的信息：Sally Robertson, "What Does the Thalamus Do?," *News Medical Life Sciences*, www.news-medical.net/health/What-does-the-Thalamus-do.aspx。

不容忽视的还有大脑新皮层："Neocortex（Brain），" *Science Daily*, www.sciencedaily.com/terms/neocortex.htm。

现实是真实的，但是我们看到的、听到的、感觉到的、触摸到的：Bahar Gholipour, "Made Up Purely by the Brain," *Brain Decoder*, Braindecoder.com/post/up-to-90-of-your-perception-could-be-made-up-purely-by-the-brain-1104633927。

在俄亥俄州立大学，科学家利用：Emily Caldwell, "Scientist:Most Complete Human Brain Model to Date Is a 'Game Changer,'" Ohio State University news release, August 18, 2015, news.osu.edu/news/2015/08/18/human-brain-model。

这一成果是紧随着：Emily Underwood, "More Than $100Million in New BRAIN Funds," *Science*, October 2, 2015, www.sciencemag.org/news/2015/10/more-100-million-new-brain-funds。

然而，正如《纽约时报》在2014年报道：James Gorman, "Learning How Little We Know about the Brain, *New York Times*, November 10, 2014, www.

nytimes.com/2014/11/11/science/learning-how-little-we-know-about-the-brain.html。

虽然我们的大脑不停地解读输入信息：Rebecca Tan, “9 Unanswered Questions about the Human Brain,” *South China Morning Post*, May 9, 2016, www.scmp.com/lifestyle/health-beauty/article/1941658/9-unanswered-questions-about-human-brain。

第 2 章

根据 2008 年一项调查：SalynnBoyles, “86 Billion Spent on Back,Neck Pain,” *WebMD*, February 12, 2008, www.webmd.com/back-pain/news/20080212/86-billion-spent-on-back-neck-pain。

这是一种特别难对付的疾病：National Multiple Sclerosis Fact Sheet, www.nationalmssociety.org/NationalMSSociety/media/MSNationalFiles/Brochures/Brochure-Just-the-Facts.pdf。

绝不是接受多发性硬化症治疗的唯一一位：Brian Krans, “Famous Faces of MS,” *Healthline*, February 8, 2017, www.healthline.com/health-slideshow/famous-people-with-ms。

你可能听说过：Lisa Stein, “Living with Cancer: Kris Carr’s Story,” *Scientifc American*, July 16, 2008, www.scientifcamerican.com/article/living-with-cancer-kris-carr。

她的生活方式可谓疯狂而优雅：Kris Carr, *Crazy Sexy Cancer Tips*（Guilford, CT: Skirt!, 2007）。

约翰·霍普金斯大学医学院莉萨·R. 雅内克教授的最近一项研究：“Don’t Worry, Be Healthy,” *Johns Hopkins Medicine*, press release, July 9, 2013, www.hopkinsmedicine.org/news/media/releases/dont_worry_be_healthy。

大量证据表明：Jessica Carretani, “The Contagion of Happiness,” *Harvard Medicine*, hms.harvard.edu/news/harvard-medicine/contagion-happiness。

乔·卡巴金的一项著名研究发现：“Jon Kabat-Zinn, PhD,” *The Connection*, th，econnection.tv/jon-kabat-zinn-ph-d。

在其开创性著作《心灵之眼》一书中，丹尼尔·西格尔：Daniel J. Siegel, *Mindsight*: The New Science of Personal Transformation（New York:Bantam, 2010）。

一些科学家把这种幻痛归因于：Susha Cheriyedath, “What Is a Phantom Limb?,” www.news-medical.net/health/What-is-a-Phantom-Limb.aspx。

要想正式确诊疑病症：“Hypochondriasis,” *Cleveland Clinic*, my.clevelandclinic.org/health/articles/hypochondriasis。

如果你知道还有一些杰出的创作人才和你同病相怜：Brian Dillon, “The Pain of Fame,” *Wall Street Journal*, January 16, 2010, www.wsj.com/articles/SB10001424052748704281204575003570232360564。

目前，一些专家提出了一个理论：Chris Weller, “Dr. Google Breeds Hypochondria by Scaring People into Thinking the Worst,” *Medical Daily*, May 7, 2015,www.medicaldaily.com/dr-google-breeds-hypochondria-scaring-people-thinking-worst-332316。

最近像病毒一样传播的帖子就错误地指出：“CDC Recommends Mothers Stop Breastfeeding to Boost Vaccine Effcacy?,” Snopes.com, January 21, 2015, www.snopes.com/medical/disease/cdcbreastfeeding.asp。

第3章

心灵魔术是魔术的一种：“The Top 10 Mentalists,” *Mentalist Central*, January

9, 2015, www.mentalismcentral.com/top-10-mentalist。

据说，一些人真将心理错觉付诸实践：Ingo Swann website, www.ingoswann.com.

Ingo Swann 网

20世纪70年代后期，国防情报局：Central Intelligence Agency website, https://www.cia.gov/library/readingroom/document/cia-rdp96-00787r000200130005-3。

当时，美国政府认为：Central Intelligence Agency website, https://www.cia.gov/library/readingroom/document/cia-rdp79-00999a000300030027-0。

当然，也有一些怀疑者：Adam Higginbotham, "TheUnbelievable Skepticism of the Amazing Randi," *New York Times Magazine*, November 7, 2014, www.nytimes.com/2014/11/09/magazine/the-unbelievable-skepticism-of-the-amazing-randi.html。

就像玛格丽特·撒切尔夫人曾经这样说过诋毁她的人：Dean Gualco, *The Great People of Our Time*（Bloomington, IN: iUniverse, 2008）。

关于外星人是否存在的问题：Carl Sagan, *The Demon Haunted World: Science as a Candle in the Dark*（New York: Random House, 1997）。

睡眠瘫痪症患者："Sleep Paralysis," WebMD,www.webmd.com/sleep-disorders/guide/sleep-paralysis#1。

这时，"黑暗清醒梦境"：Rebecca Turner, "Are Alien Abductions Real — or Dark Lucid Dreams?," www.world-of-lucid-dreaming.com/are-alien-abductions-real.html。

"清醒梦境"的极端情形：Jake Rossen, "The Dark Side of Lucid Dreaming," Van Winkle's, September 25, 2016, https://vanwinkles.com/lucid-dreamings-dark-side。

巴勃罗·毕加索说过：Pablo Picasso, “Statement to Marius De Zayas,” 1923, www.learn.columbia.edu/monographs/picmon/pdf/art_hum_reading_49.pdf。

几个世纪以来，艺术家们一直使用特殊颜色：Esther Inglis-Arkell, “Why Certain Color Combinations Drive Your Eyeballs Crazy,” *Gizmodo*, January 13, 2013, io9.gizmodo.com/5974960/why-certain-color-combinations-drive-your-eyeballs-crazy。

说到艺术，我们的大脑：Chuck Close website, chuckclose.com。

为了避免只有画家才能要弄我们的认知商的看法：Stephen Sondheim and James Lapine, *Sunday in the Park with George*, book version（Applause Theatre & Cinema Books, 2000）。

最让我们难以忘怀的名画之一：Arthur Lubow, “Edvard Munch: Beyond the Scream,” *Smithsonian*, March 2006, www.smithsonianmag.com/arts-culture/edvard-munch-beyond-the-scream-111810150。

另一位表现主义画家，文森特·梵·高：“Van Gogh’s Mental and Physical Health,” *Van Gogh Gallery*, www.vangoghgallery.com/misc/mental.html。

在其作品《斐多》（*Phaedo*）中，柏拉图：Plato, *Phaedo*（New York: Oxford University Press,2009）。

在一项研究中，一群人：Karen Brakke, “Ponzo,” *Online Psychological Laboratory*, opl.apa.org/Experiments/About/AboutPonzo.aspx。

你能想象开车时：Marc Abrahams, “Experiments Show We Quickly Adjust to Seeing Everything Upside-Down,” Guardian, November 12, 2012, www.theguardian.com/education/2012/nov/12/improbable-research-seeing-upside-down。

在“2012 年人类大会”演讲结束时：Amanda Enayati, “The Power of

Perceptions: Imagining the Reality You Want," *CNN*, April 14, 2012, www.cnn.com/2012/04/11/health/enayati-power-perceptions-imagination。

第 4 章

“我不相信有来世”：Woody Allen, “Conversations with Helmholtz,” *Getting Even*（New York: Vintage, 1978）。

在医疗从业者中：Raymond Moody Jr., Life after *Life: The Bestselling Original Investigation That Revealed “Near-DeathExperiences”*（San Francisco: HarperOne, 2015）。

马里奥·博勒加德博士：Mario Beauregard and Denyse O’Leary, *The Spiritual Brain: A Neuroscientist’s Case for the Existence of the Soul*（San Francisco: HarperOne, 2008）。

玛丽·尼尔博士：Mary Neal, *To Heaven and Back: A Doctor’s Extraordinary Account of Her Death, Heaven, Angels, and Life Again*（Colorado Springs, CO: WaterBrook, 2012）。

杰弗瑞·朗恩博士：Jeffrey Long, with Paul Perry, *Evidence of the Afterlife: The Science of Near-Death Experiences*（San Francisco:HarperOne, 2011）。

该组织收集了：Near Death Experience Research Foundation（NDERF）website, www.nderf.org。

为了得到濒死体验的统计数据：Tara MacIsaac, “How Common Are Near Death Experiences?: NDEs by the Numbers,” *Epoch Times*, June 23, 2014, www.theepochtimes.com/n3/757401-how-common-are-near-death -experiences-ndes-by-the-numbers。

山姆·哈里斯也思考生命大脑之外的意识问题：See Sam Harris, *Waking Up:*

A Guide to Sprituality Without Religion（New York: Simon & Schuster, 2014）。

有一个名叫科尔顿·伯波的4岁男孩：Todd Burpo and Lynn Vincent, *Heaven Is for Real: A Little Boy's Astounding Story of His Trip to Heaven and Back*（Nashville, TN: Thomas Nelson, 2010）。

更令人吃惊的是：Eben Alexander, Proof of Heaven: *A Neu rosurgeon's Journey into the Afterlife*（New York: Simon & Schuster, 2012）。

当病人停止呼吸："Special Report: When Is Your Patient Dead?," *Medscape*, www.medscape.com/viewcollection/32925。

2013年，密歇根大学：Rob Stein, "Brains of Dying Rats Yield Clues about Near-Death Experiences," on *All Things Considered*, NPR, August 12, 2013, www.npr.org/sections/health-shots/2013/08/12/211324316/brains-of-dying-rats-yield-clues-about-near-death-experiences。

针对老鼠进行了另一项研究：Shantell Kirkendoll, "Study: Near-Death Brain Signaling Accelerates Demise of Heart," *University Record*, Univerity of Michigan newsletter, April 10, 2015, record.umich.edu/articles。

还有其他可能性解释：Francis Grace, "The Science of Near-Death Experiences," *CBSNews*, April 18, 2006, www.cbsnews.com/news/the-science-of-near-death-experiences。

伊丽莎白·库伯勒–罗斯：Elisabeth Kübler-Ross web site, www.ekrfoundation.org。

名人也不能幸免于病毒侵袭：*Near Death Experiences of the Hollywood Rich and Famous*, website, www.near-death.com/experiences/rich-and-famous.html。

我看到黑暗面具，死亡面具：Bill Clinton, "How Clinton Recovered from Surgery," *ABC News*, October 28, 2004, abcnews.go.com/Primetime clintonrecovered-surgery/story?id=207370。

在一个著名案例中，一名荷兰病人：G. M. Woerlee, “The Denture Man NDE,” *Near Death Experiences*, www.neardth.com/denture-man.php#lommel。

2014年年初，渥太华大学研究人员：Andra M. Smith and Claude Messier, “Voluntary Out-of-Body Experience: An fMRI Study,” *Frontiers in Human Neuroscience*, February 10, 2014, journal.frontiersin.org/article/10.3389/fnhum.2014.00070/full。

根据《心理学词典》：*Psychology Dictionary*, s.v. “What Is Kinesthetic Imagery?,” psychologydictionary.org/kinesthetic-imagery。

这种现象有时被称为“盲视”：David Robson, “Blindsight: The Strangest Form of Consciousness.” *BBC Future*, September 28, 2015, www.bbc.com/future/story/20150925-blindsight-the-strangest-form-of-consciousness。

心理学教授肯·帕勒：Ken Paller and Satoru Suzuki, “Consciousness,” report, Northwestern University, faculty.wcas.northwestern.edu/~paller/Consciousness.pdf。

一位被医学界称为“病人TN”：Graham P. Collins, “Blindsight: Seeing without Knowing It,” *Scientifc American*, blog, April22, 2010, blogs.scientifcamerican.com/observations/blindsight-seeing-without-knowing-it。

第5章

大量研究证明：“Physical Activity Reduces Stress,” Anxiety and Depression Association of America, online forum, www.adaa.org/understanding-anxiety/related-illnesses/other-related-conditions/stress/physical-activity-reduces-st。

在运动过程中，身体会释放：Kristin Domonell, “Why Endorphins (and Exercise) Make You Happy,” *CNN*, January 13, 2015, www.cnn.com/2016/

01/13/health/endorphins-exercise-cause-happiness。

大家可能听说过灰质：Susan Scutti, “Brain Facts to Know and Share: Men Have a Lower Percentage of Gray Matter Than Women,” *Medical Daily*, July 10, 2014, www.medicaldaily.com/brain-facts-know-and-share-men-have-lower-percentage-gray-matter-women-292530。

最新研究显示：Arthur F. Kramer, “Enhancing Brain and Cognitive Function of Older Adults through Fitness Training,” *Journal of Molecular Neuroscience* 20, no. 3（February 2003）,www.researchgate.net/publication/9087834_Enhancing_Brain_and_Cognitive_Function_of_Older_Adults_Through_Fitness_Training。

在一次实验中，要求23名志愿者：Christol Koch, “Looks Can Deceive: Why Perception and Reality Don’t Always Match Up,” *Scientifc American*, July 1, 2010, www.scientifcamerican.com/article/looks-can-deceive。

在当今体育界，可能所有专业运动员：AJ Adams, “Seeing Is Believing: The Power of Visualization,” *Psychology Today*, December 3, 2009,www.psychologytoday.com/blog/flourish/200912/seeing-is-believing-the-power-visualization。

我曾有幸咨询过我的朋友：Pam Shriver, interview with the author, November 17, 2016。

就像电影：Bernard Malamud, *The Natural*（1952; repr., New York: Farrar, Straus and Giroux, 2003）。

他所获得的荣誉至少部分归功于：George Mumford, *The Mindful Athlete: Secrets to Pure Performance*（Berkeley, CA: Parallax Press, 2016）。

花式台球选手威廉·德约克：William DeYonker, “Right on Cue,” YouTube video, www.youtube.com/watch?v=FCNDCBE2lsE。

获得多枚奥运金牌的凯莉·沃什·詹宁斯：Sara Angle, "Olympic Beach Volleyball Player Kerri Walsh Jennings' Body Confidence Tips," *Shape*, March 11, 2015, www.shape.com/blogs/ft-famous/olympic-beach-volleyball-player-kerri-walsh-jennings-body-confdence-tips。

她惊人地赢得了112次职业双打冠军："Pam Shriver," International Tennis Hall of Fame website, www.tennisfame.com/hall-of-famers/inductees/pam-shriver。

事实上，1927赛季扬基队的胜利："1927: The Yankee Juggernaut," *This Great Game*, www.thisgreatgame.com/1927-baseball-history.html。

康涅狄格大学女子篮球队：Geno Auriemma website, www.genoauriemma.com/geno/quotes。

马萨诸塞州斯普林菲尔德的《共和党人报》甚至拒绝刊登比赛得分表：Larry Stone, "Think the UConn Women Are Too Good? Quit Whining and Beat'Em," *Seattle Times*, March 29, 2016, www.seattletimes.com/sports/uw-husky-basketball/think-the-uconn-women-are-too-good-quit-whining-and-beat-em。

2人在20局比赛中成为败战投手："How Bad（and Lovable）Were the 1962 Mets?," *Jugs Sports*, jugssports.com/how-bad-and-lovable-were-the-1962-mets.

被称为"百老汇乔"的纳马斯风度翩翩："Broadway Joe," YouTube video, July 3, 2007, www.youtube.com/watch?v=Gc65NC44dSk。

喜剧演员杰瑞·宋飞开玩笑说："We Cheer for Clothes," *Seinfeld*, YouTube video, April 9, 2006, www.youtube.com/watch?v=we-L7w1K5Zo。

失控所导致的最悲惨一幕："Murder of Soccer Player after Own-Goal 20 Years Ago Still Resonates in Colombia," *Fox News*, July 2, 2014, www.foxnews.com/world/2014/07/02/murder-soccer-player-after-own-goal-20-years-ago-still-resonates-in-colombia.html。

第6章

2015 年，在纽约著名的：Hannah Parry, “You Won’t BrieLeave It: New York Restaurant Creates World’s Most Expensive Grilled Cheese Sandwich for $214,” *Daily Mail*, June 10, 2015, www.dailymail.co.uk/news/article-3118362/You-won-t-brie-leave-New-York-restaurant-create-world-s-expensive-grilled-cheese-sandwich-214.html。

“奇缘”餐厅所售的这款烤奶酪三明治：“‘Virgin Mary Grilled Cheese’ Sells for $28 000,” *NBC News*, November 23, 2004,www.nbcnews.com/id/6511148/ns/us_news-weird_news/t/virgin-mary-grilled-cheese-sells/#.WJz0gbYrK1s。

在一家酒店房间内用过的验孕棒：“Britney Spears’ Pregnancy Test Sells,” *CNN*, May 12, 2005, money.cnn.com/2005/05/12/news/newsmakers/britney_pregnancytest。

弗朗西斯·培根认为：Francis Bacon, “The Plan of the Instauratio Magna,” www.bartleby.com/39/21.html。

在这本书的引言部分：“Virgin Mary Seen in Tree Stump in Limerick,” *Belfast Telegraph*, September 7, 2009, www.belfasttelegraph.co.uk/news/virgin-mary-seen-in-tree-stump-in-limerick-28486957.html。

在一只售价 10 600 美元的椒盐卷饼上：“In a Twist of Fate — Holy Pretzel Sells for $10 600,” *PR Newswire*, June 2, 2005, www.prnewswire.com/news-releases/in-a-twist-of-fate---holy-pretzel-sells-for-10600-54497527.html。

在澳大利亚悉尼库吉郊区悬崖边上的栅栏柱上：“Apparition of Our Lady of Coogee Beach,” *Catholic News*, January 31, 2003, cathnews.acu.edu.au/301/166.php。

它被恰如其分地命名为：J.H. Crone, Our Lady of the Fence Post（Perth, Aus: UWA Publishing, 2003）。

悬浮在宾夕法尼亚州迈纳斯维尔的一扇车库门上："Catholics Flock to Garage Door to SeeImage of Virgin Mary," YouTube video, August 31, 2007, www.youtube.com/watch?v=5jZld8Zg1aA。

一扇浴室门上的一双眼睛："Jesus on a Door," *Penn & Teller:Bullshit!*, YouTube video, September 3, 2014, www.youtube.com/watch?v=ofCGV_zBEVo。

"慈善医疗中心"的一扇窗户上逐渐消失：Bill Dusty, "Virgin Mary Apparition at Mercy Hospital," YouTube video, October 6, 2008, www.youtube.com/watch?v=L_g1YpkhvCA。

圣母玛利亚确实到处出现：Christopher Cihlar, *The Grilled Cheese Madonna and 99 Other of the Weirdest*, Wackiest, Most Famous eBayAuctions Ever（New York: Broadway, 2006）。

出现在一些浴室里低劣模型中：Joe Kovacs, "Jesus Appears in Shower, Worth $2 000," WND, June 25, 2005, www.wnd.com/2005/06/31018。

耶稣甚至出现在："Image of Jesus on Dog's Butt God's Second Appearance?," *Patheos*, November 16, 2011, www.patheos.com/blogs/heavenlycreatures/2011/11/image-of-jesus-on-dogs-butt-gods-second-appearance。

尽管这些神圣的幻影给虔诚的信徒带来了祝福："Holy Grilled Cheese Sandwich!What Is Pareidolia?," *The Conversation*, theconversation.com/holy-grilled-cheese-sandwich-what-is-pareidolia-14170。

如"保罗已死"骗局："The 'Paul Is Dead' Myth," *The Beatles Bible*, www.beatlesbible.com/features/paul-is-dead。

遭遇“尼斯湖水怪”：Sarah Begley, “Loch Ness Monster Probably a Catfsh, Says Man Who’s Been Watching for 24 Years,” *Time*, July 17, 2015,time. com/3962382/loch-ness-monster-catfsh。

让我们先来讨论一下：Naomi Greenaway, “What Do You See in These Photos?” *Daily Mail*, October 20, 2015, www.dailymail.co.uk/femail/article-3280816/ What-photos-s-faces-suffer-facial-pareidolia.html。

一个鲜为人知但又常见的例子：Maureen A. Duffy, “Charles Bonnet Syndrome: Why Am I Having These Visual Hallucinations?,” www.visionaware.org/info/ your-eye-condition/guide-to-eye-conditions/charles-bonnet-syndrome/125。

对于那些查尔斯·邦纳综合征患者来说：V.S. Ramachandran and Sandra Blakeslee, *Phantoms in the Brain: Probing the Mysteries of the Human Mind*（New York: William Morrow, 1999）。

美国最伟大的幽默作家之一：James Thurber, “The Secret Life of Walter Mitty,” *The Thurber Carnival*（1945; repr., New York: HarperCollins, 2013）。

卡尔·萨根非常精辟地指出：Carl Sagan, Cosmos（New York: Ballantine, 2013）。

第 7 章

罗马哲学家西塞罗说过：Cicero, *Selected Works*（New York:Penguin, 1980）。

互惠原则：Robert B. Cialdini, *Influence: The Psychology of Persuasion*, rev. ed.（New York: Harper Business, 2006）, 140。

自 19 世纪：The Basics of Philosophy, website,www.philosophybasics.com/ branch_altruism.html。

2006 年，一项针对蹒跚学步的婴幼儿的研究：Bjorn Carey, “Stanford

Psychologists Show That Altruism Is Not Simply Innate," *Stanford Report*, December 18, 2014, news.stanford.edu/pr/2014/pr-altruism-triggers-innate-121814.html。

当男性遭到威胁时:"New Vision on Amygdala after Study on Testosterone and Fear," *Science Daily*, June 12, 2015, www.sciencedaily.com/releases/2015/06/150612143027.htm。

一项科学研究发现,女性被注射:Erno J. Herman setal., "A Single Administration of Testosterone Reduces Fear-Potentiated Startle in Humans," *Biological Psychiatry* 59, no. 9(June 2006):872–74,www.researchgate.net/publication/7316503_A_Single_Administration_of_Testosterone_Reduces_Fear-Potentiated_Startle_in_Humans。

这种认知的起源可以追溯到:William Congreve, *The Mourning Bride*(London: Dodo Press, 2008)。

早在20世纪90年代初:Darren Boyle, "I Didn't Know She Cut It Off: Penis Attack Victim John Bobbitt Reveals the Horror of Being Assaulted by His Wife in Notorious Crime," *Daily Mail*, November 24, 2016, www.dailymail.co.uk/news/article-3968154/I-didn-t-know-cut-Penis-attack-victim-John-Bobbitt-reveals-horror-assaulted-wife-notorious-crime.html。

第8章

多年前,名人堂棒球运动员:"The Best Celebrities You'd Ever Buy Stuff From," *Ranker*, www.ranker.com/list/the-best-celebrity-tv-spokespeople-of-all-time/josh-heller。

过去,电视名人珍妮·麦卡锡:Dina Fine Maron, "Sorry, Jenny McCarthy: Vaccines Aren't as Dangerous as You Think," *Salon*, January 11, 2017, www.

salon.com/2017/01/11/sorry-jenny-mccarthy-vaccines-arent-as-dangerous-as-you-think_partner。

金 · 卡 戴 珊 · 韦 斯 特：Laura Case, "How Much Do Celebrities Get Paid to Tweet?" *Wet Paint*, July 20, 2016, www.wetpaint.com/how-much-do-celebrities-get-paid-to-tweet-663232。

卡戴珊 · 韦斯特出版：Kim Kardashian West, *Kim Kardashian Selfish*（New York: Universe, 2015）。

第 9 章

如果你属于极少："2014 Survey: How Many Christians Do You Think Watch Porn?," *Digital Journal*, press release, August 14, 2014, www.digitaljournal.com/pr/2123093。

30% 的 网 络 内 容："30 Percent of Global Web Traffc Is Porn–Study," Indo-Asian News Service, June 5, 2012, http://gadgets.ndtv.com/internet/news/30-percent-of-global-web-traffc-is-porn-study-223878。

三分之一的女性："Study Finds That 1 Out of 3 Women Watch Porn at Least Once a Week," Women in the World feature, *New York Times*, October 22, 2015, nytlive.nytimes.com/womenintheworld/2015/10/22/study-fnds-that-1-out-of-3-women-watch-porn-at-least-once-a-week。

意大利庞贝古城的浴室遗址：Toby Meyjes, "Up Pompeii! Erotic Paintings Reveal Sex Lives of Ancient Romans," *Metro*, December 8, 2016, metro.co.uk/2016/12/08/up-pompeii-erotic-paintings-reveal-sex-lives-of-ancient-romans-6308999。

公元 2 世纪左右：Indra Sinha, *The Love Teachings of Kama Sutra*（New York: Marlow, 1997）。

时至今日，许多人仍然相信：Marissa Fessenden, “Medieval Chastity Belts Are a Myth,” *Smithsonian*, August 20, 2015,www.smithsonianmag.com/smart-news/medieval-chastity-belts-are-myth-180956341。

贞操带直到19世纪才开始流行：Radhika Sanghani, “Chastity Belts: The Odd Truth about ‘Locking Up’ Women’s Genitalia,” *Telegraph*, January 18, 2016, www.telegraph.co.uk/women/sex/chastity-belts-the-odd-truth-about-locking-up-womens-genitalia。

具有讽刺意味的是，事实恰恰相反：Marc Garnick, “Does Frequent Ejaculation Help Ward Off Prostate Cancer?,” *Prostate Knowledge*, Harvard Medical School publication, www.harvardprostateknowledge.org/does-frequent-ejaculation-help-ward-off-prostate-cancer。

从20世纪60年代到80年代：“Rev Morton Hill, 68, Pornography Opponent,” *Chicago Tribune*, obituary, November 7, 1985。

希尔神父绝不是在单打独斗：Richard N. Ostling, “Jerry Falwell’s Crusade,” *Time*, June 24, 2001, content.time.com/time/magazine/article/0,9171,142305,00.html。

自从1969年菲利普·罗斯的经典小说：Philip Roth, *Portnoy’s Complaint*（1969; repr., New York: Vintage, 1994）。

10个女孩中有6人：“Pornography Statistics: 2015 Report,” Covenant Eyes, www.covenanteyes.com/pornstats/。

1879年，一位享有国际声誉的著名幽默作家：Mark Twain, *Mark Twain on Masturbation: Some Thoughts on the Science of Onanism*（CreateSpace, 2009）。

令人吃惊的是，如今在美国，竟然有41%的夫妻：“Infidelity Statistics,” *Infidelity Facts*, website, www.infdelityfacts.com/infdelity-statistics.html。

达到 1.19 亿美元的票房：Box Offce Mojo website,www.boxoffcemojo.com/movies/?id=unfaithful.htm。

考虑到这些极端反应，我们可以理解：Chris Spargo, "How Rock Hudson Kept His Gay Life Secret...," *Daily Mail*, April 15, 2015, www.dailymail.co.uk/news/article-3040119/Secret-gay-life-Rock-Hudson-revealed-man-called-one-true-love-describes-pair-hid-relationship-protect-image-Hollywood-star.html。

许多人被认为是男同性恋：Claude J. Summers, ed., *The Queer Encyclopedia of Film and Television*（San Francisco: Cleis, 2015）。

史卡特 · 鲍维尔斯的《全套服务》：*My Adventures in Hollywood and the Secret Sex Lives of the Stars*（New York: Grove, 2012）; Boze Hadleigh, *In or Out: Gay and Straight Celebrities Talk about Them selves and Each Other*（Fort Lee, NJ: Barricade, 2000）。

一个多世纪以前，奥斯卡 · 王尔德：The Offcial Site of Oscar Wilde,website, www.cmgww.com/historic/wilde。

我们要感谢这些人和其他影响力巨大的公众人物："100 Actors Who Are Actually Gay or Bisexual," *IMDb*, www.imdb.com/list/ls072706884。

2015 年 7 月，《名利场》：Buzz Bissinger, "Caitlyn Jenner: The Full Story," *Vanity Fair*, July 25, 2015, www.vanityfair.com/hollywood/2015/06/caitlyn-jenner-bruce-cover-annie-leibovitz。

在意大利的梵尔卡莫妮卡谷地：Emmanuel Anati, "The Way of Life Recorded in the Rock Art of Valcomonica," *Adoranten2008*, www.rockartscandinavia.com/images/articles/a8marretta.pdf。

20 世纪 50 年代："Bestiality Is Much, Much More Common Than You Think," February 20, 2015, *Health24*, website, www.health24.com/sex/sexual-diversity/bestiality-is-much-much-more-common-than-you-think-20150218。

丹麦通过法律认定:“Denmark Passes Law to Ban Bestiality,” *Newsbeat*, BBC publication, April 22. 2015, www.bbc.co.uk/newsbeat/article/32411241/denmark-passes-law-to-ban-bestiality。

美国对此意见不一:Robert Emmett Murphy Jr., “Bestiality Is Legal in the Same States That Ban Same-Sex Marriage,” *All Things Crime*, blog, July 16, 2013, allthingscrimeblog.com/2013/07/16/bestiality-is-legal-in-the-same-states-that-ban-same-sex-marriage。

第 10 章

在伦敦的咖啡馆里:“All About Kopi Luwak — The Most Expensive Coffee in the World!,” www.most-expensive.coffee。

一种奇怪的夜行动物:“Civet Coffee: Why It’s Time to Cut the Crap, *The Guardian*, September 13, 2013, www.theguardian.com/lifeandstyle/wordof-mouth/2013/sep/13/civet-coffee-cut-the-crap。

有时被人虐待的动物:Rachael Bale, “The Disturbing Secret behind the World’s Most Expensive Coffee,” *National Geographic*, April29, 2016, news.nationalgeographic.com/2016/04/160429-kopi-luwak-captive-civet-coffee-Indonesia。

许多人都记得:Stephanie Buck, “The Weird,Rabid History of the Cabbage Patch Craze,” *Timeline*, December 14, 2016,timeline.com/cabbage-patch-craze-867ce8d076c#.20hk9bbh6。

这些东西对孩子们特别重要:Larry Getlen, “How the Beanie Baby Craze Was Concocted — Then Crashed,” *New York Post*, February 22, 2015, nypost.com/2015/02/22/how-the-beanie-baby-craze-was-concocted-then-crashed。

只要花上 1.25 美元:Erin McCarthy, “16 Amazing Facts about Sea Monkeys,” *Mental Floss*, mentalfloss.com/article/56755/16-amazing-facts-about-sea-monkeys。

幻想自己无所不能并不是唯一的原因："A Fortune from Sea Monkeys and X-Ray Spex: Harold von Braunhut, Novelty Gift Entrepreneur,1926–2003," *Sidney Morning Herald*, obituary, www.smh.com.au/articles/2004/01/01/1072908849191.html。

一些非常诱人的物品：Kara Kovalchik, "11 Shameless Comic Book Ads That Cost Us Our Allowance," *Mental Floss*, mentalfloss.com/article/30420/11-shameless-comic-book-ads-cost-us-our-allowance-money。

最近，一些低劣的发声恶作剧礼物：Catherine Greenman, "A Singing Fish Gets a Personal Touch," *New York Times*, January 11, 2001,www.nytimes.com/2001/01/11/technology/a-singing-fsh-gets-a-personal-touch.html。

第 11 章

在《影响力》一书中，罗伯特·西奥迪尼断言：Robert B. Cialdini, *Influence: The Psychology of Persuasion*, rev. ed.（New York: Harper Business,2006），171–72。

在 2014 年一项名为"社会默认值：所见即所选"的研究中：Young Eun Huh, Joachim Vosgerau,and Carey K. Morewedge, "Social Defaults: Observed Choices Become Choice Defaults," *Journal of Consumer Research* 41, no. 3（October 2014），www.jstor.org/stable/10.1086/677315?origin=JSTOR-pdf&seq=1#page_scan_tab_contents。

如果你属于婴儿潮一代："Woodstock 1969," *Woodstock Story*, www.woodstock-story.com/woodstock1969.html。

时间快进 30 年：Daniel Kreps, "19 Worst Things about Woodstock'99," *Rolling Stone*, July 31, 2014, www.rollingstone.com/music/news/19-worst-things-about-woodstock-99-20140731。

下面我们要试试跟唱："Sly Stone's Speech at Woodstock," YouTube video, October 6, 2008, www.youtube.com/watch?v=lUr5rzQZkVg。

相比之下，不客气地讲，1999 年：Jane Ganahl, "Woodstock'99: The Day the Music Died," *SFGate*, July 28, 1999, www.sfgate.com/style/article/Woodstock-99-The-day-the-music-died-3073934.php。

在 20 世纪："11 Celebrities Who Got Scammed by Bernie Madoff and Lost Millions," *Fox Business*, February 2, 2016, www.foxbusiness.com/features/2016/02/02/11-celebrities-who-got-scammed-by-bernie-madoff-and-lost-millions.html。

心理学家和社会科学家们认为：Robert Lenzner, "Bernie Madoff's $50 Billion Ponzi Scheme," *Forbes*, December 12, 2008, www.forbes.com/2008/12/12/madoff-ponzi-hedge-pf-ii-in_rl_1212croesus w_inl.html。

人们盲目相信：Robert B. Cialdini, *Influence: The Psychology of Persuasion*, rev. ed.（New York: Harper Business, 2006）, chap. 4。

以下是过去几年中我们看到的例子：Will Heilpern, "18 False Advertising Scandals That Cost Some Brands Millions," *Business Insider*, March 31, 2016, www.businessinsider.com/false-advertising-scandals-2016-3/#vw-falsely-advertised-environmentally-friendly-diesel-cars-1。

数百万人因为这种广告："The Too Good to Be True Product Hall of Fame," *Time*, October 6, 2011, business.time.com/2011/10/11/14-products-with-notoriously-misleading-advertising-claims/slide/splenda。

我并不是说：Elaine Watson, "Kashi Agrees to Pay up to $3.99M to Settle 'All Natural' Lawsuit; Campbell Soup under Fire over Prego Labels," *Food Navigator*, William Reed newsletter, June 15, 2015, www.foodnavigator-usa.com/Regulation/Kashi-agrees-to-pay-up-to-3.99m-to-settle-all-natural-lawsuit。

汤姆·汉克斯多年来一直高居榜首：Czarina Ong, "Tom Hanks Is the Most

Trusted Celebrity While NBC's Brian Williams Took a Nosedive in Ratings," *Christian Today*, February 12, 2015, www.christiantoday.com/article/tom.hanks.is.the.most.trusted.celebrity.while.nbcs.brian.williams.took.a.nosedive.in.trust.ratings/47947.htm.。

关于电池寿命：Noreen O'Leary, "Dannon Settles False Ad Suit for $35 Mil," *Adweek*, September 18, 2009, www.adweek.com/brand-marketing/dannon-settles-false-ad-suit-35-mil-106416。

第 12 章

火爆的反战示威者："San Francisco Protestors Stage a 'Vomit In,'" *SFGate*, www.sfgate.com/news/article/San-Francisco-protesters-stage-a-vomit-in-2627438.php。

悲惨故事：Elizabeth Burchard and Judith L. Carlone, *The Cult Next Door: A True Story of a Suburban Manhattan New Age Cult*（San Mateo, CA: Ace Academics, 2011）。

答案当然来自上帝："Pope Urban II Orders First Crusade," *History*, www.history.com/this-day-in-history/pope-urban-ii-orders-frst-crusade。

对此他一无所知："How Many People Died in the Crusades?," *Reference*, www.reference.com/history/many-people-died-crusades-4483019b5f8684c5。

最近一个例子："Sudan Referendum: Key Dates in Recent History," *Telegraph*, January 8, 2011, www.telegraph.co.uk/news/worldnews/africaandindianocean/sudan/8246617/Sudan-referendum-key-dates-in-recent-history.html。

如今，在许多国家：Drew DeSilver and David Masci, "World Muslim Population More Widespread Than You Might Think," *Fact Tank*, Pew Research Center publication, January 31, 2017。

马尔文·盖尔普博士：Dr. Marvin Galper, interview with the author, December 11, 2016。

汤姆·克鲁斯、凯莉·普雷斯顿、约翰·特拉沃尔塔：Andy Cush, "A Comprehensive List of Every Celebrity Connected to Scientology," *Gawker*, April 2, 2015, gawker.com/a-comprehensive-updated-list-of-every-celebrity-linked-1694554276。

山达基教是由科幻作家L·罗恩·贺伯特创立：Jason Guerrasio, "The Chilling Story of How Scientology Founder L. Ron Hubbard Roseto Power," *Business Insider*, March 31, 2015, www.businessinsider.com/l-ron-hubbard-history-sci-f-writer-to-scientology-founder-2015-3。

1950年，他把自己：L. Ron Hubbard, *Dianetics:The Modern Science of Mental Health*（1950; repr., Commerce, CA: BridgePublications, 2007）。

虽然山达基教有一些宗教表层元素："What Is Scientology and Who Was L. Ron Hubbard?," *Telegraph*, October 6, 2016, www.telegraph.co.uk/news/0/what-is-scientology-and-who-was-l-ron-hubbard。

我建议你读一下：Norman Vincent Peale, *The Power of Positive Thinking*（1952; repr., Important Books, 2013）。

1978年，"人民圣殿教"："Jonestown," *History*, www.history.com/topics/jonestown。

信不信由你：Michael Zennie, "New Age Followers Still Waiting for Aliens to Beam Them Up 15 Years after Heaven's Gate Cult Suicides Left 39 People Dead," *Daily Mail*, March 26, 2012, www.dailymail.co.uk/news/article-2120869/Heavens-Gate-cult-committed-mass-suicide-15-years-ago.html。

第 13 章

2016 年发布的一份研究："Humans Perceive Time Somewhere between Reality and Our Expectations," University of Birmingham website,July 14, 2016, www.birmingham.ac.uk/news/latest/2016/07/humans-perceive-time-somewhere-in-between-reality-and-our-expectations.aspx。

巴西圣何塞医学院：Cheyenne MacDonald, "Take the Test That Reveals How You Perceive Time," *Daily Mail*, July 13, 2016, www.dailymail.co.uk/sciencetech/article-3688988/Is-perception-time-wrong-Study-fnds-humans-perceive-time-expectation-reality.html。

蹒跚学步的孩子：Penelope Leach, "Why Is My Toddler So Impatient?," *Baby Centre*, Babycentre.com, www.babycentre.co.uk/x539875/why-is-my-toddler-so-impatient。

当我们试图拍打苍蝇时：Emilie Reas; "Small Animals Live in a Slow-Motion World," *Scientifc American*, July 1, 2014, www.scientifcamerican.com/article/small-animals-live-in-a-slow-motion-world。

"动物星球"频道认为，家养的宠物狗：Animal Planet, *It's Me or the Dog*, see "Dogs with Separation Anxiety, Ask Victoria Stilwell," www.animalplanet.com/tv-shows/its-me-or-dog/training-tips/separation-anxiety。

但是想象一下，如果我生活在 1907 年："Life Expectancy in the USA, 1900–98," u.demog.berkeley.edu/~andrew/1918/fgure2.html。

如果你有幸生活在摩纳哥："The World Factbook," CIApublication, www.cia.gov/library/publications/the-world-factbook/rankorder/2102rank.html。

根据 2015 年的一项研究：Stacy Liberatore, "Can You Believe It's Already Christmas? Technology Is SPEEDING UP Our Perception of Time,Researchers Say," *Daily Mail*, November 19, 2015, www.dailymail.co.uk/sciencetech/

article-3325763/Can-t-believe-s-Christmas-Technology-SPEEDING-perception-time-claims-study.html。

第 14 章

1959 年 2 月 3 日：Greil Marcus, “Ritchie Valens, J.P. ‘TheBig Bopper’ Richardson, and Buddy Holly,” *Rolling Stone*, June 28, 1969,www.rollingstone.com/music/news/ritchie-valens-j-p-the-big-bopper-richardson-and-buddy-holly-19690628。

但很少有人知道：Dave Lifton, “The Story of Rock’s First Tragedy: Buddy Holly, Ritchie Valens and the Big Bopper Killed in Plane Crash,” Ultimate Classic Rock, website, February 3, 2016,ultimateclassicrock.com/buddy-holly-richie-valens-big-bopper-killed-in-plane-crash。

这个故事最让我感兴趣的是：R. Gary Patterson, *Take a Walk on the Dark Side: Rock and Roll Myths, Legends, and Curses*（NewYork: Touchstone, 2004）, chap. 2。

托马斯·爱迪生发明留声机：“Thomas Edison, Genius Inventor, Dies at 84,” *New York Daily News*, October 17, 2015（originally published October 19, 1931）, www.nydailynews.com/news/national/thomas-edison-genius-celebrated-funeral-1931-article-1.2389894; Biography, s.v. “Nikola Tesla,” accessed May 21, 2017, www.biography.com/people/nikola-tesla-9504443。

特许金融分析师学院——一个致力于：Jason Voss, “The Intuitive Investor: A Simple Model of Intuition,” *Enterprising Investor*, blog for CFA Institute, blogs.cfainstitute.org/investor/2014/07/22/the-intuitive-investor-a-simple-model-of-intuition。

其他生物能利用地球：Tricia Edgar, “Animal Magnetism: How the Magnetic

Field Influences Animal Migration," *Decoded Science*, November 30, 2014, www.decodedscience.org/animal-magnetism-magnetic-feld-influences-animal-navigation/50745。

狗狗们有超强的嗅觉能力：Elizabeth Cohen and John Bonifield, "Meet the Dogs Who Can Sniff Out Cancer Better Than Some Lab Tests," *Vital Signs*, CNN publication, February 3, 2016, www.cnn.com/2015/11/20/health/cancer-smelling-dogs。

许多科学研究表明：Leonardo Vintini, "Intuition: The Sense That Defies the Physical," *Epoch Times*, January 19, 2009,www.theepochtimes.com/n3/1526638-intuition-dr-alan-pegna-tsunami-ronald-rensink-ancient-culture。

直觉研究先驱：Robert Lee Hotz, "A Pioneer in the Private Life of the Brain," *Wall Street Journal*, February 11, 2011, www.wsj.com/articles/SB10001424052748704364004576132262901047364。

他研究了16名参试者：Antoine Bechara, Hanna Damasio, Antonio R. Damasio, Gregory P. Lee, et al., "Different Contributions of the Human Amygdala and Ventromedial Prefrontal Cortex to Decision-Making," *Journal of Neuroscience*, July 1, 1999, www.jneurosci.org/content/jneuro/19/13/5473.full.pdf。

来自新南威尔士大学的科学家葛兰·鲁夫特盎托："Intuition — It's More Than a Feeling," APS, publication for the Association for Psychological Science, April 21, 2016, www.psychologicalscience.org/news/minds-business/intuition-its-more-than-a-feeling.html#.WJ8N9rYrKb8。

在他的惊世之作《决断两秒间》：Malcolm Gladwell, *Blink: The Power of Thinking without Thinking*（New York: Little, Brown, 2005），174–75。

已故的约翰·列侬："Seven Things You Didn't Know About 'Lucy in the Sky with Diamonds,'" *OUPblog*, Oxford University Press blog, July 9, 2013, blog.

oup.com/2013/07/lucy-in-the-sky-with-diamonds-facts。

第 15 章

在其奠基性著作《情商》: Daniel Goleman, *Emotional Intelligence: Why It Can Matter More Than IQ* (New York: Bantam, 2005)。

译后记

亦真亦幻难取舍

对于“智商”和“情商”，我们不会感到陌生，我们通常用前者来衡量一个人理性思考、智力水平的高下，用后者来判断自我调控和待人处事的能力。而谈及“认知商”，或许很多人都没有听说过，抑或有所耳闻但不以为然。因为人们往往简单化地将“认知”理解为“认识”或“感受”，也就是对人和事的感知和理解，并将其视为但凡生理机能正常的人自然具备的一种能力。其实，这样的认识仅仅停留在“认知”的表面，并没有深及各类认知生成背后的心理和思维作用机理。

认知是人类具备的基本心理过程，我们的大脑接受外界信息后对其加工处理，转换为心理活动，继而对外在的行为产生直接作用，这就是认知过程。简言之，认知是信息的接收、处理和体现过程。那么,何为“认知商”?按照本书作者布莱恩博士的解释,认知商是指解读事物的方式和偶尔利用既有经验来区分幻想和现实的能力。布莱恩博士认为,人们在基于经验思考和行事时,往往受到包括社会影响力和自身判断力在内的各种因素影响,但并没有意识到对这些作用因素的存在,因此产生与现实或真相不符的各种认知偏差,即错觉、幻觉和妄想等,借此可以衡量认知商的高低。这一点,由原书副题“往事重现错觉、错误知觉和自我欺骗之谜”可见一斑。因此,探讨如何识别实际现实情况和由低认知商所产生的错觉及幻觉之间的区别,阐述低认知商的不同表现形式、生成原因和规避方法,是布莱恩博士这部《认知商》的写作指向和真正用意。

认知商之不足,或曰低认知商,在寻常生活中有各种表征形式。例如,它体现为无端疑虑身体疾患、深信外星人存在、相信灵魂出窍、狂热追捧体育明星、笃信神迹显灵、盲从名人宣传、拒斥自慰念头、冲动购买奢侈品、沉迷邪教组织、疏于时间管理等。众所周知,谁也无法生活在真空中,现实社会中的所有人时刻都与周围的人发生关联,进行交往,不可避免地会形成理解和认知过程。即便一些想法和做法出于无意识或下意识,其中也暗含判断取舍。同样,对真实和幻觉的辨识依赖于认知商,反过来又能塑造认知商。决定认知商高低的因素来自大脑结构的差异、过往记忆和经验的影响、社会影响力的驱动。布莱恩博士利用生理解剖学和神经学专业知识对一些扭曲认知的产生原因进行解析,令人信服地去除其神秘的面纱。在提醒读者警惕各种认知陷阱的同时,他还提出了有效规避低认知商造成不良结局的办法。譬如,保持乐观向上的积极心态有助于身心健康,甚至能够攻克顽疾;体育运动能够改善情绪，缓解抑郁，特别是自我可视化想象非常利于专业运动员提升竞技状态，战胜对手；面对巧舌如簧的推销员，应牢记进店购物之前的初衷，勇敢地对互惠原则说“不”；在处理两性关系时，不要以怨报怨；面对限量产品，应抑制购物冲动，保持冷静；在人生关键时刻不妨重视直觉感受……

我们知道，智商和情商可以通过精心设计的测试并用具体数值来衡量，但认知商更多的是个程度问题，因为基于自身生活经验，人们对事物会有不同的认知角度和因应做法。即便是符合客观实际的认知也存在“仁者见仁，智者见智”的问题，而对于失真甚至有害的认知更有不同的心理反应和行动结果。认知商的高低并非一成不变，可以后天习得，即便曾经因为认知扭曲而做过傻事，如果能在幡然悔悟后及时止损，也能提高认知商，正所谓“吃一堑，长一智”。也许正是出于这个原因，布莱恩博士对认知商的高低仅做定性分析而非定量分析，即符合客观现实的认识想法是高认知商的体现，未能辨识现实和虚幻之间的差别，深陷幻觉、错觉、妄想等认知误区则是低认知商的体现。

本书中频频出现的“幻觉”“错觉”“妄想”等词是用于标示各种低认知商表现的心理学术语，它们并不会造成阅读障碍，也没有使本书成为关于认知科学的艰深学术著作。通读全书可以发现，布莱恩博士并没有以学者自居，没有采取空洞说教的方式讲解认知心理学知识，而是借助普通大众惯常生活中触手可及的真人真事说明问题，特别是在讲到一些名人轶事时写作笔法十分诙谐。他还通过自己的成长经历来讲述彼时的想法，轻松消解了读者和作者之间的距离，使得阅读此书像朋友间交谈一样轻松愉快。

读者所获得的这种轻松自在的阅读感受和布莱恩博士的职业不无关系。作为一位眼科医生，他不仅因为在角膜治疗和视力矫正领域取得的突破性成就而堪称行业翘楚，而且还和自己的病人建立了良好的私人友谊。更重要的是，基于对病人思维方式和认知特点的敏锐观察和精细思考，他对“认知”这个抽象、现实而又有趣的问题产生了浓厚兴趣。这种跨界研究路数与奥地利精神分析学家西格蒙德·弗洛伊德有异曲同工之妙。

本书所探讨的认知商体现于普通日常生活中，对于广大读者来说，除了了解不同的思维路径和认知方式，通过本书还可以接触到有关哲学、医学（尤其是眼科医学和神经学）、心理学、生理学、生物学等多学科知识，以及音乐、绘画、体育、影视、文艺、宗教、军事、市场营销等西方国家社会文化的方方面面。循着这些线索进行相关探索不仅有趣而且有益。譬如，文中提到的 1969 年伍德斯托克音乐节为我们提供了展示 20 世纪六七十年代美国社会风情的一面镜子，读者完全可以据此进行进一步挖掘，进行深入了解相关历史。本书翻译初稿完成时，笔者翻看日历无意发现，是日恰逢第 52 届美国职业橄榄球大联盟年度冠军赛（超级碗）决赛日，冥冥中这或许是一种巧合。笔者一向对橄榄球不甚了解，若不是翻译此书，恐怕鲜有机会了解超级碗这样较重要的体育赛事并探究著名的“鲁斯诅咒”。从这个意义上讲，对于笔者而言，翻译此书意外收获了许多未知信息，开阔了视野，这恐怕也是提高认知商的一个机缘。

自我检视是否存在认知商不足，从而避免出现不利局面，这无可厚非。同时应该承认，人们对于事物的认知往往有不同的视角，谁也无法做到永远保持头脑冷静和审慎客观，正所谓“智者千虑，必有一失”。从这个意义上讲，我们应该客观、理性地看待认知商的高低，在认知判断出现失误时大可不必过于纠结，亦无需对“错觉”“幻觉”“妄想”等想法唯恐避之不及。

在生活中，我们不妨仍然心存一抹幻想，无论这些想法是幻觉、错觉还是妄想，因为这些看似荒诞不经的幻想有时正是激发创新灵感的火花；再者，换个角度看，它们是生活的调料，让尘世生活变得有滋有味而不至于寡淡如水。因此，在避免走向认知错误极端的同时，保有一定程度的想象未尝不可，正如书中卡尔·萨根所言：“幻想常会把我们带到虚无之境，但缺乏想象，又会使我们驻足不前。”

是为译后记。

杜飞

2018年春日于金陵